12年目の真実

マイアミの奇跡を演出した男

前園真聖　戸塚 啓

Contents

プロローグ……005
第1章　史上最強のオリンピック代表……013
第2章　マイアミの奇跡の裏側……047
第3章　サッカー少年の夢……073
第4章　スペイン移籍消滅、ヴェルディ入団……087

第5章　憧れの地、ブラジルへ……119
第6章　流浪の果てに……145
第7章　たったひとりの引退……167
第8章　運命を変えた〝選択〟……185
エピローグ……200

Cover Photo　嶺井慎治
Book Design　出田一、野口里子（TwoThree）

プロローグ

前園真聖が現役を引退してから、もう3年になる。

「ユニホームを脱いでから3年」とか「スパイクを置いてから3年」とでも言えばカッコいいのかもしれないが、ここは素直に「現役を引退して」としたほうがいい。

サッカースクールでユニホームは着ているし、自宅の玄関にはスパイクが無造作に置いてある。今年1月には城彰二の引退試合に出場し、6月には中田英寿が主催した「+1 FOOTBALL MATCH」に参加している。本人は「いやいや、そんなことないですよ」と謙遜するが、体型も現役時代とさほど変わっていない。

だから、現役は引退したいまも、サッカーは前園のすぐそばにある。髪の毛に白いものが目立つようになったとしても、サッカーとの距離感は変わらないのだろう。


もちろん、現役を引退して変わったこともある。

水曜日の夜や週末は、日本代表の国際試合やJリーグの試合会場へ向かう。キックオフの1時間半前から2時間前にバスで到着するのが現役時代のスケジュールだったが、現在は自家用車かタクシーで試合会場を目ざす。出発するのも前泊したホテルからではなく、自宅や所属事務所、テレビ局などからだ。

テレビやラジオの中継の仕事であれば、キックオフの2時間前には到着している。交通手段の乏しい会場では、3時間から4時間前に集合することもある。

スタジアムに到着したら、共演者、スタッフとの打ち合わせだ。進行表に基づいてその日の流れを確認したら、食事を済ませておく。好き嫌いはほとんどないので、「ロケ弁」もそれほど苦にならない。

試合前は少しドタバタとしてしまう。緊張しているからかもしれないし、まだちょっと慣れていないからかもしれない。自分のペースでキックオフを迎えることのできた現役当時には、経験したことのない慌ただしさがある。

スパイクがアスファルトを蹴る音を聞くと、いまでも身体《からだ》が反応する。自分も気持ちが引き締まるような気がする。

31歳で現役を引退したことを、後悔しているわけではない。ただ、「カツン、カツン」という少し甲高い音色を聞くと、胸のあたりがじんわりと熱くなってくる。

子どもたち相手のサッカー教室でも、つい本気になってしまうことがあるのだ。緊張感を漂わせる選手たちを見て、気持ちが高ぶってくるのは抑えようがない。

放送ブースや記者席で試合を観るのは、実はいまでも少し落ち着かない。試合に出ていない自分が観客に騒がれたりすると、両チームの監督や選手に対して申し訳ない気持ちになる。ちょっとした居心地の悪さを感じてしまう。

取材現場では、さらに気を遣う。

テレビの仕事では、練習や試合を終えた選手にインタビューをすることがある。質問事項は事前にスタッフが用意するのだが、「これはちょっと、いまは答えられないんじゃないかなあ」と思うような質問が含まれていることもある。「こういう感じのほうが……」と提案することもあるが、「いや、何とか聞いてもらえますか」と言われると断り切れない。

突っ込んだ答えがほしいテレビ局の思惑は、前園も理解しているつもりだ。

ただ、TPOは使い分けたほうがいいのにな、とも思う。

いつ、どこで、どんな質問をするかによって、選手の対応はずいぶんと変わってくる。選手の表情や仕種を見れば、「あ、今日はあまり話したくないんだな」ということぐらいは察しがつく。マスコミ対応もプロの仕事の一部だが、そんなときは、できるだけそっとしてあげたい。

負けた試合をすぐに振り返ることのできる選手もいれば、何も話したくない選手もいる。「プロだから」と大まかに括《くく》るのは、少しばかり無理があると思うのだ。

自分が声をかけたら、たぶん選手は立ち止まってくれるだろう。でも、そういう場面の会話は、マスコミに聞かれたくない種類のものが多い。自分のせいで記者に囲まれたら、それこそ選手に申し訳がないというものだ。

些細な質問がきっかけで、マスコミとの距離を遠ざけてしまう選手だっている。自分が経験してきたことだから、これはもうはっきりと言える。

取材をする側に立ってみると、新鮮な発見もあった。

スタジアム全体を俯瞰《ふかん》できる放送ブースや記者席にいると、ピッチ上では見えにくかったものに気づかされるのだ。ゲームを分析する難しさ、個人を評価する大変さを知り、サッカーの奥深さを実感することもできる。現役を終えたからこそ知ることのできる感覚なのかもしれない。

日本代表の国際試合ともなると、かつてのチームメイトや旧知の関係者に会うことができる。「最近、どうなの?」とお互いの近況を報告したり、「ちょっと太った?」などと他愛もない話で盛り上がったりする時間は、何ものにも替えがたいものがある。こまめに電話をするタイプでないから、試合会場で話ができるのはありがたいのだ。

オグこと小倉隆史とは、いつもお互いの〝ダメ出し〟をしている。

「ゾノ、あれはないっしょ」

失敗だったなあと思うテレビのコメントを、小倉はズバッと突いてくる。前園も「いや、オグのもどうかと思うけど」と切り返すが、どちらかと言うといつも押され気味だ。

小倉や城といったかつてのチームメイトと話をしていると、知らず知らずのうちにあのチームの話題になることがある。１９９６年のアトランタオリンピックを目ざした、23歳以下の代表チームだ。

自分が中心となって変えたもの、もある。

４年に一度のオリンピックが、もうすぐやってくる。

アトランタ、シドニー、アテネに続いて、U―23（23歳以下）日本代表は４大会連続の出場権を勝ち取った。北京への道のりは1次予選からテレビで生中継され、試合翌日のスポーツ紙はたっぷりと紙面を割いた。オリンピック代表を扱う各メディアのスタンスには、12年という時間の流れを強く感じる。

前園とその仲間たちがオリンピック出場を目ざした当時は、20歳そこそこの代表チームが新聞やテレビで取り上げられる機会は少なかった。最終的には爆発的なブームを呼ぶものの、それは本大会前後の数か月のみに過ぎない。２年以上の活動期間のほとんどを、彼らは静かに過ごしている。

オリンピック出場を決めたあとの海外遠征でさえ、取材する記者が数えられるほどだったこともある。合宿や遠征先のトレーニングでは、「今日は何人、記者のヒトがいるのかな」とか、「あのヒト、いつもいるな」といった会話が交わされていたのだった。

それがどうだろう。

単なるテストマッチでも、日本代表と変わらない数の記者が五輪代表の取材に駆けつける。取材パスの通し番号が、200や300に達するのも珍しくないほどだ。

意外なことに、西野朗監督と前園が牽引したチームは、国立競技場で一度も試合をしていない。国内唯一の公式戦となったアトランタ五輪1次予選の日本ラウンドも、瑞穂陸上競技場（名古屋市）で開催されている。収容人数2万7000人のスタジアムは、五輪代表にちょうどいいサイズと考えられたのだろう。

状況が変わったのは、シドニー五輪予選からである。フィリップ・トルシエが黄金世代を率いた1999年以降、テストマッチでも国立競技場を使うのが当たり前になっていった。観客動員が伸びなかったと言われる北京世代のチームにしても、試合を重ねるたびにサポーターが増えていった印象がある。

裏を返せば、それだけ期待が大きいということかもしれない。

アジアの予選を突破するのは、いまや当然の使命となった。本大会の組み合わせが決まる前から、チームを率いる監督は「メダル獲得」を目標に掲げるようになった。

24歳以上の〝オーバーエイジ〟を招集するのも、ごく自然の流れになった。アトランタ当時は

「使うか、使わないのか」だった議論の焦点が、シドニー以降は「誰を選ぶのか」になっている。

そこにあるのは、勝利に対する飽くなき欲求だ。

サッカーのオリンピックがそうした位置づけを持つようになったのは、アトランタ五輪の成績と無関係でない。28年ぶりに世界の扉を開いたチームが、いきなりブラジルを破ったのだ。東欧の古豪・ハンガリーも撃破し、グループリーグで2勝1敗の成績を残したのである。ブラジル、ナイジェリアとは同勝ち点で、得失点差で決勝トーナメント進出を逃したのだから、その戦いぶりは称賛に値するものであった。

彼らのあとに続くチームが、〈アトランタ越え〉を目標に掲げたのは必然だっただろう。自分たちの力を誇示するには、先輩の成績を上回るのが分かりやすい。「あのチームがブラジルに勝てたなら、オレたちだってできるはずだ」というモチベーションを持つこともできたはずだ。

「2勝1敗でもグループリーグを突破できないことがあるんだ」という、価値あるケーススタディーにもなった。つまり、オリンピックにおける日本のスタンダードは、西野監督と前園らによって作られたと言っていい。

「いい思いもしたし、その一方で、ストレスが溜まることもあったし。注目度の高さからして、色々なことが起こってしまう状況だった。28年ぶりにオリンピックに出て、ブラジルを倒してしまって……。自分にとってはキャリアの大きな転機だった」

聞く人によってはサラリと受け流されてしまいそうな言葉には、前園の様々な思いが込められている。

黎明期のJリーグを猛スピードで駆け抜け、自分らしいプレーを最後まで追い求めた〈ゾノ〉は、現役引退から3年を経てゆっくりと立ち止まった。栄光と屈辱、称賛と非難に満ちたキャリアを振り返ることにした。北京オリンピック開催前というタイミングは、同じ舞台で名を馳せた彼らしいところだろう。

あの日、あの時、あの場面で、前園は何を思ったのか。

どんな思いを、胸に閉じ込めていたのだろうか。

第1章

史上最強のオリンピック代表

世界に衝撃をもたらすチームの第一歩は、実は意外なほどひっそりと踏み出されていた。

アトランタオリンピック出場を目ざすチームが立ち上げられたのは、1994年2月である。東南アジアのマレーシアで行なわれた国際トーナメントに参加し、マレーシア、ノルウェー、デンマークの五輪代表と中1日の日程で3試合を消化したのだった。

オリンピック出場へ向けた第一歩である。21世紀のいまなら、それなりに話題を集めてもおかしくないはずだ。しかし、当時の日本サッカー界は、1993年秋の〝ドーハの悲劇〟を受けてフル代表のハンス・オフト監督が勇退し、後任人事に世間の耳目《じもく》が集まっていた。本番まで2年以上もあるオリンピックチームの遠征は、率直に言ってニュースバリューが低かったのである。しかも、遠征の結果は0―0、2―3、1―6という低調なものだったから、わざわざニュースとして扱うものではなかったのだろう。

5月下旬にドイツ、10月上旬にはオマーンへも遠征している。ここでも、マスコミの注目は集まらなかった。

5月はパウロ・ロベルト・ファルカンを新監督に迎えた日本代表が、キリンカップでオーストラリア、フランスと対戦していた。10月には広島でアジア大会が行なわれていた。フル代表の国際大会とタイミングが重なってしまったこともあり、サッカー専門誌でも試合結果が掲載される程度の扱いにとどまっていたのである。

理由はもうひとつあった。

チームの中核を担うべき何人かの選手が、本格的に合流していなかったのだ。

たとえば、5月のキリンカップで代表初ゴールを決めていた小倉隆史（名古屋グランパスエイト）であり、高卒ルーキーながらファルカンに招集されていた城彰二（ジェフユナイテッド市原）である。

横浜フリューゲルスのミッドフィルダー・前園真聖も、合流の遅れた選手のひとりだった。

2月のマレーシア遠征こそ参加したが、その後はフル代表の一員として稼働していたので、西野朗監督のもとでは1試合も出場していない。五輪世代でただひとりフル代表のレギュラーポジションをつかんだ前園は、アジア大会で全4試合に先発出場していたのだった。

「日の丸を背負って戦うのは、アジア大会がある意味で初めてのことだった。高校選抜以外は、ジュニアユース代表もユース代表も選ばれたことがなかったから。アジアの国を相手に本気の勝負をするのは初めてだったので、とにかくあれこれ考えずに、自分が出せるものを無我夢中で出し切ろうとした。試合で使ってもらえるんだから、自分の持っているものを、ドリブルだったり攻撃的な部分を出すしかないと思って」

チーム結成当初は「どうして自分なんかが選ばれるんだろう」と戸惑い、選出された嬉しさより緊張感が先行していたフル代表にも、さほど時間をかけずに自分の居場所を見つけることができていた。ファルカンの選ぶメンバーには同世代の選手も何人かいたし、年上の選手はチームになじめるように気を遣ってくれた。

にもかかわらず、大会を目前にすると口の周りに吹き出物が出てきた。大会中もずっと悩まされた。こんなことは初めてだった。日の丸を背負って戦うということに、知らず知らずのうちにプレッシャーを感じていたんだろうな、と前園はのちに振り返っている。

準々決勝では初めての日韓戦を経験した。後半終了間際の不可解なPKで突き放され、2―3で敗れてしまった。韓国戦の勝利かベスト4以上が続投のノルマだったファルカンは、この試合を最後に日本を去ることになる。

「それまで日韓戦をテレビとかで観ていて、何で勝てないんだろうっていう思いがあった。韓国の選手からは、うまさなんて感じない。技術的なレベルでは、明らかに日本人のほうが上。それなのに、最後の最後でいつもやられちゃうのは、どうしてなんだろうって」

実際に対戦しても、印象は変わらなかった。

うまさは感じなかった。テクニックなら間違いなく自分たちが上回っていたと思う。

それでも、勝ったのは韓国だった。

日本が勝てない理由が、少しだけ分かったような気がした。

「相手を背負ったときに、息づかいみたいなものを感じるんですよ。絶対に抜かせないぞ、という雰囲気っていうのかな。うまさはまったく感じなかったんですよ。でもやっぱり、速いし、強いし、粘りがある。足が止まって疲れてくるところで、それでも走ってくる。PKを取られた瞬間に、日韓戦って毎回こんな形だなあと思ったんです。1点差で負ける、最後の最後で取られるというのは、こういうことなのかと思った」

アジア大会から3か月後の1995年1月にも、前園は韓国と対戦している。今度は五輪代表同士の対戦だったが、またしても1点差負けだった。

「内容的には僕らが押してたんですよ。でもやっぱり、結果は同じ。1点差負け、0―1。それは、その先もずっと気持ちのなかで引っ掛かっていくんですけどね」

オーストラリアへ遠征したこのタイミングで、前園は五輪代表のキャプテンに指名された。西野監督の下した決定に、「なるほどな」と思ったのは小倉である。彼と前園は1973年生まれで、このチームでは最年長に当たる。

「もうそろそろキャプテンを決めなきゃいけないってときに、ゾノとオレとハット（服部年宏）が西野さんに呼ばれて、『前園をキャプテンにしようと思う』って言われて。ゾノが一番びっくりしてましたけどね。『えっ、オレですか？』みたいな。オレとハットはわりと真面目だったので、やらなきゃいけないことはキチッとやっていた。で、西野さんはゾノにもやらせないといけないって思ったんじゃないですか。それからゾノも、少し自覚みたいなものが出てきたところもあったし」

サッカーボールを蹴り始めてからの前園は、チームリーダーという立場との結びつきが皆無だった。キャプテンはもちろん、副キャプテンに指名されたこともない。「そういうタイプじゃないから。違う、違う、違う」と、本人もしつこいぐらいに否定する。「基本的には自由にやりたくて、束縛されたくないタイプ」なのだという。

だからといって「嫌です」と突っぱねられるはずもない。「僕じゃないほうが、いいんじゃないですか……?」という控え目な拒絶は、西野にあっけなく跳ね返された。

しかし、チームメイトは好意的だった。城が振り返る。

「確かにゾノは、キャプテンっていうタイプじゃない。高校のときも違ったし。優しいお兄さんという感じで、オレが引っ張っていくみたいなタイプじゃなかった」

彼らは鹿児島実業高校の先輩・後輩である。前園が3年時の1年生が城だ。

「ゾノのキャラクターに、キャプテンという立場は合ってなかったかもしれない。だけど、あのチームでは絶大な信頼感がありました。僕らはみんな、すごく個性が強かった。自分は負けない、自分は一番だって思う部分を誰もが持ってた。でも、キャプテンとなると『ゾノしかいねえだろ』って感じで、みんな、すんなり納得できました。『ああ、やっぱり、ゾノだよな』って。

プレーヤーとしてはもちろんすごかったし、人柄も良かったし。あのチームは個性の強い選手が多かったから、引っ張るタイプのキャプテンはいらなかったのかもしれないし、そういう意味じゃ誰もが認める選手ってことで、ゾノは適任だったと思う」

韓国、デンマーク、オーストラリアの五輪代表と対戦したこのオーストラリア遠征から、前園の左腕にはキャプテンマークが巻かれるようになった。青が基調となるファーストユニホームでは黄色の、白がベースとなるセカンドユニホームでは赤の腕章を、好んで使うことになる。

キャプテン就任についてマスコミに聞かれると、意欲的なコメントを発した。言葉という証拠を残すことで、自らを奮い立たせているようでもあった。

「フル代表と違って、五輪代表では僕らが一番上の年代なんで、チームを引っ張っていかないといけないところがある。それが逆に、やりがいにもなってます。フル代表ならテツさん（柱谷哲二）とかがいて、思い切ってやるだけっていうのがあるんですけど、ここではそういうわけにいかない。自分のプレーでチームを引っ張っていかないと。もちろん、僕だけの仕事じゃないですけど」

当時21歳だった自分の本音を、13年後に補足するとこうなる。

「何か特別なことをしてたわけじゃないんですよ、僕は。役割としてはグラウンドで自分のプレーを見せて、それでチームを引っ張っていくしかないなと思っていたし。自分がやってる姿をみんなが見て、それで付いてきてくれたらいいなと。細かいことに気を配っていくタイプでもないから、できることをやるしかないし。細かいところはね、ハットとかヨシカツ（川口能活）がポジション的にも後ろのほうだからフォローしてくれたり。だから、逆に、僕はキャプテンだけど自由というか、それぐらいの立場でいられたと思うんですよ」

アトランタ五輪アジア地区1次予選は、日本、タイ、台湾の3か国が、タイと日本で各1度ずつ対戦するリーグ戦方式で争われることになっていた。最終予選へ進出できるのは、グループの首位チームのみである。

1次予選は5月下旬のタイ・ラウンドからスタートする。そろそろチームを本格的に固めなければならず、西野がキャプテンを決めたのもそのためだったはずだが、肝心の前園はまたもチームを離れてしまう。日本、韓国、中国、香港が参加するダイナスティカップに招集され、2月26日に行なわれたロサリオ・セントラル（アルゼンチン）とのテストマッチを欠場してしまうのである。

フル代表の加茂周監督が前園の招集にこだわったのは、もちろん理由がある。

1995年当時の日本は、アジア初の開催となる2002年のワールドカップ招致を韓国と激しく争っていた。前年10月の広島アジア大会で韓国に敗れていただけに、公式戦でこれ以上後塵《こうじん》を拝するわけにはいかない。１９８６年から３大会連続でワールドカップに出場している韓国に対して、日本はまだ一度もワールドカップに出場したことがないのだ。韓国と対戦する国際大会で優勝することが、Ｊリーグ開幕で成長著しい日本をアピールする唯一の機会だったのである。

その代償として、五輪代表の調整は遅れてしまっていた。

ロサリオ・セントラル戦の直後に行なわれたエジプト五輪代表戦から前園が合流するが、ホームで１分け１敗の結果に終わってしまう。２試合で１得点しか記録できず、それも相手ディフェンダーが日本のためにプレゼントしてくれたものだった。

「エジプトとの２試合で、五輪予選はダメなんじゃないかとか、まあけっこう、僕らからするとボロクソに書かれたのは覚えてますね。点が取れない、って」

２試合でオウンゴールによる１点しか取れなかったのだから、マスコミに叩かれるのもしかたがなかっただろう。

タイ五輪代表は強い、という報道も聞こえていた。フル代表にも招集されている選手が多く、地元では『ドリームチーム』と呼ばれているという。『タイのジーコ』の異名を持つキャティサック・セーナームワンというストライカーは、１９９３年のアメリカワールドカップ１次予選でフル代表の一員として日本と対戦していた。

それでも、前園がネガティブな気持ちを抱くことはなかった。むしろ、努めて前向きだった。

「これからチームは、もっと良くなるはずだ」と。

「それまでの合宿とか遠征では、必ず誰かが欠けてたんですよ。僕自身も参加できてなかったし。でも、1次予選はマレーシアで合宿をしてからタイへ行くことになってたから、そこである程度の時間がある。集中的に練習できるし、ホテルにいるときに、みんなでゆっくり話もできる。リラックスルームとかマッサージルームで。そういう時間を過ごしていくことで、チームが一体化していくっていうのは間違いなくあると思うんですよ」

オフの時間には外出もしたという。それがまた、チームのまとまりを深めた。

「普通に食事に行ったりしてましたよ。みんなで一緒にいる時間が長くなると、見えないところでの〈あうんの呼吸〉というか、感じる部分っていうのが出てくると思うんですよ。プレーのなかに、自然と。苦しい場面で、『こいつのために』って思えるような信頼感も生まれていくし」

個性的なヤツが多かった、と言うのは小倉だ。

「たとえば、ギャーギャー騒ぐのはヨシカ（松原良香）で、テル（伊東輝悦）はあまり喋らない。喋らないけど、みんなが騒いでいる横に笑いながらいる。そんなイメージがあるかな。ヨシカツもね、昔はちょっとひど過ぎるぐらいうるさかった。キレキャラだったね。でも、みんな年齢が近いっていうのもあったし、面白い選手がいっぱいいるなあ、とは思ってましたよ。それが、少しずつまとまっていった」

1次予選前最後のテストマッチで、五輪代表はマレーシア五輪代表に6−0の快勝を収めた。マレーシアとはチーム結成第一戦で対戦しており、このときは0−0のスコアレスドローだった。6ゴールはチーム結成以来の最多得点である。レベルアップをアピールするには十分な結果だった。前園と小倉が2ゴールを叩き出し、城も1ゴールをマークした。

小倉が解説する。

「ツートップを組んでいた城とは、距離感についてよく話してましたね。僕も城も相手をチギッて持っていけるタイプの選手じゃないので、コンビネーションで絡まないといけない。そこにプラスして関わってくるのがゾノだったので、3人の距離感とか関係性については、ああしよう、こうしようと話してましたよ」

メディアから「得点力不足」を囁《ささや》かれてきたチームは、こうして、1次予選にきっちり照準を合わせてきた。6日後のタイ戦でも、攻撃陣が大爆発をすることになる。

13分、左サイドからドリブルを仕掛けた前園が、小倉とのワンツーで最終ラインを突破する。右足のシュートはGKに弾かれるが、こぼれ球は右アウトサイドの森岡茂（ガンバ大阪）が押し込んだ。

弾かれたように喜びを表す選手たちの表情が、敵地で奪った先制点の価値を物語っていた。重圧から解放された日本は、伸び伸びと攻撃を展開していく。

16分、前園のクロスから小倉がヘディングシュートを突き刺す。43分の3点目は、前園のパスを受けた小倉が右サイドを切り崩し、城が得意のヘッドで決めたものだった。

後半も途中出場の松原良香（清水エスパルス）が2ゴールを叩き出し、5−0の大差でタイを沈めた。ホームで無敗を誇っていたタイのタワチャイ・サジャクン総監督も、「すべての面で日本が上回っていた」と、完敗を認めるしかなかった。

「試合会場がバンコクじゃなくて、何だかよく分からない遠くへ連れていかれて。湿度も高かったし。ドリームチームと呼ばれていたタイは、ビデオで観ると速くてうまくて、強いなと思わせるチームだった。初戦という不安も、やっぱりあったし……。でも、全体的なコンビネーションはもちろんだけど、狭い局面を二人だけのコンビネーションとかでも崩せるようになりつつあったんだよね。細かいところが合ってきたって言うのかな。点が取れない、点が取れないってマスコミに言われて、前のほうの選手には『ふざけんなっ』て気持ちもあったし。オグなんて、よく怒ってたし」

4日後の台湾戦は、前園の独壇場だった。

前半終了間際の44分、7人の壁を突き破る直接フリーキックを決め、チームに先制点をもたらす。焦りが芽生えつつあったチームメイトを落ち着かせ、ここまで耐えてきた相手守備陣にはダメージを与える一撃だった。

後半開始直後の50分には、松原の突破で得たPKを決めてリードを2点に拡げる。

圧巻は61分だ。伊東輝悦（清水エスパルス）のクロスに反応し、ゴール前で身を躍らせる。「気迫でねじ込んだ」というダイビングヘッドは、粘る台湾から精気を奪い取るものだった。前園のハットトリックによる、4─1の圧勝である。

「もっと点を取りたかったけれど、あそこまで守りを固められると崩すのは難しい。4─1という結果も、しかたがないと思う」

チームの出来に及第点を与えた前園も、自分自身には厳しかった。

「自分の仕事は点に絡むことですから、もっと点が取れたはず」

蒸し暑いタイで明かした悔しさには続きがあった。舞台を名古屋へ移して行なわれる日本ラウンドを翌日に控え、キャプテンは視線に力を込めた。

「西野さんからは、あまり細かいことは要求されていない。もちろんディフェンスに入ったときのポジショニングとかは言われているけれど、そこよりも攻撃の部分で力を発揮してほしいと。そうやって言われている以上、どんどん得点に絡んでいかないといけない」

内面の変化は、態度や表情からもうかがえるようになっていた。グラウンドに立つ前園は生き生きとしていて、緊張感のある引き締まった表情を浮かべていたのである。意志の強さを感じさせていた瞳は、野性的な力を帯びるようにもなっていた。

「タイで2勝したけれど、もう一度ゼロからっていう気持ちで戦わないと。いい試合をするのは大切だけど、負けることは許されない。結果が大切だと思う」

6月11日の台湾戦は、6―0の大勝だった。33分に松原が先制点を叩き出すが、ゴール前をがっちり固めてきた相手の守備を剥《は》がし切れず、1―0でハーフタイムを迎える。しかし、後半から出場した安永聡太郎（横浜マリノス）がすぐに2点目を叩き出すと、その後は城、前園、松原が立て続けにネットを揺らした。

3日後のタイ戦も、城の決勝ヘッドで1―0の勝利をつかむ。4戦全勝で1次予選を通過した五輪代表は、最終予選進出を決めたのだった。

最終予選へ向けたチームの底上げを図るため、西野監督は新たな戦力を招集していく。中東勢を意識してロシア五輪代表とコスタリカ代表を迎えた8月の2試合では、4月のワールドユースでベスト8に進出したU―20代表から松田直樹（横浜マリノス）、秋葉忠宏（ジェフユナイテッド市原）らが起用された。J1のジュビロ磐田で出場試合数を増やしていた鈴木秀人も、ここからレギュラー争いに参戦していく。

10月のオーストラリア遠征では、U―20代表の中田英寿（ベルマーレ平塚）が初めて招集された。遠征不参加の前園に代わりトップ下で起用された18歳は、期待どおりのプレーで評価を高めた。入団1年目の横浜フリューゲルスで、8月にレギュラーになったばかりの楢﨑正剛も招集されている。1次予選と同じ3―5―2のフォーメーションで、西野監督は新戦力の実力を診断していった。

前園は1次予選終了後のJリーグで、右膝を負傷していた。およそ3週間の加療とリハビリを経て戦列に復帰するが、チームの低迷に引っ張られるかのようにコンディションは上向かなかった。

延長VゴールにPK戦もある1995年のJリーグは、水曜、土曜の週2回開催を基本とし、年間52試合が組まれていた。前園のリーグ戦出場数は40試合だったが、フル代表と五輪代表の活動を含めれば60試合近くになる。肉体は明らかに疲弊していたし、疲れた身体を奮い立たせるメンタリティも限界に近づきつつあった。

「代表と五輪の掛け持ちで、肉体的にも精神的にも擦り切れたところはありました。だから、『オリンピックでやりたい、五輪代表に集中したい』って言ったんですよ。そうしたら、96年の最終予選の前からは、オリンピックだけになったんです」

最終予選へ向けた準備は、1996年2月のマレーシア遠征から始まった。

ここで前園は、中田に初めて会うことになる。当時の五輪代表は二人一部屋が基本で、彼らは遠征中のルームメイトになったのだった。

中田は少し構えていた。無理もないだろう。前園はフル代表にも選ばれている存在で、チームのキャプテンである。19歳になったばかりのチーム最年少が緊張感を覚えるのは当然だった。

「憧れっていう言葉はあまり当てはまらないと思いますけれども、やっぱりある種、目標にしていた人物でもあるわけです。ただ、プレースタイルは違うので、存在というかね、そういう意味での憧れだったわけです。その人といきなり同じ部屋だと言われて、『怖い人だったら、どうしようかな』と……。でも、実際はすっごくいい人で、『カジツ（鹿児島実業）出身だから、先輩・後輩の関係に厳しいのかな』と思ったら、実はそんなこともなくて」

自称「すごいキレイ好き」の中田からすると、学年が3つ上の先輩は細かいところに気を遣わないタイプのようだった。片づけたいものがあり、整理したい場所があった。

中田は遠慮がちに問いかけてみた。

「ここ、ちょっとこうしてくれるかな？」

「あ、いいよ」

前園はさらりと答えた。すぐに動いてくれた。年齢の違いやそれに伴うストレスといったものを、ほとんど感じさせなかった。

「ウチらの部屋は、他の部屋に比べていつもキレイでしたよ。僕、基本的に誰かと一緒にいるのは得意じゃないんですよね。同じ部屋に一緒にいるのは。だけども、ゾノと一緒にいるのは全然問題なかったし、気持ち的に楽でした。非常に話しやすいし、おとなしい。ゾノが本気で怒っているのは、見たことがないですね。何となくヤンチャで、何かあるとすぐに相手に飛び掛かっていきそうな感じがするかもしれないけれど、実際そんなことはまったくないし。人に対してすごく包容力があるんじゃないかなと思って。仲間を自分で引き連れていく、という意味で。もちろんそれは、プレーでもそうでしたし。そういう資質が彼にはあると思うし。楽しい人間の周りには、人が集まるじゃないですか。だから、そういう形の引っ張り方ですよね。真面目な感じで『やれ』って引っ張っていくんじゃなくて、『ゾノがああやってるから付いていこう』という感じになっていた」

日に日に深まる前園とのコミュニケーションは、ピッチ内にも好影響を及ぼしていく。

「一回目の合宿から、すぐに打ち解けました。なおかつ、ゾノと打ち解けるのは、チームと打ち解けるのとほぼイコールという感じだった。やっぱりゾノを中心に、チームのみんながまわってたから。練習中に盛り上がるのもゾノ中心だし、それ以外のところで、食事をしているときもそうだし。そうなると、ゾノと一緒に僕はいたから、チームにすぐに打ち解ける。それは大きかったですね。ゾノがいなかったら、あのチームに溶け込めなかっただろうし、もしかしたら残っていなかったかもしれない」

中田は前園に助けられた。キャプテンと同部屋になることで、自分より年上の選手が形成するグループに入っていくことができた。

一方の前園は、中田から刺激を受けていた。２度の世界大会を経験している19歳は、年下ということを感じさせない頼もしいパートナーだった。

「僕自身はアルゼンチンに留学したりして、世界のサッカーをある程度感じていた。オグはオランダに行っていた。ヒデやマツ（松田直樹）は、U－17とかU－20で世界を経験してる。どっちもベスト8まで行ってるでしょう。それぞれが身近に感じていた世界への気持ちを持ち寄って、それが、オレらがやるんだっていうチーム全体の熱につながったところはあったかもしれない。やってやるって気持ちは、一人ひとりが持ってたと思う。疑いもなくね。生意気でしたけどね」

日本サッカーが最後にオリンピック出場を果たしたのは、銅メダルを獲得した１９６８年までさかのぼらなければならなかった。前回のバルセロナ大会も、最終予選へ進出したもののアジア5位に終わった。

だが、西野のもとに集まったメンバーは、「今回こそは」という思いを強く抱かせた。

すでに日本代表を経験している前園や小倉がいて、若年層の大会で世界を知る中田や松田がいた。川口、服部、伊東、城といったメンバーは、このチームの原型となる１９９２年のアジアユース選手権で3位に食い込んだメンバーだった。

何よりも、全員がプロフェッショナルだった。先発メンバーの半数以上は、所属するJリーグのクラブでレギュラーポジションをつかんでいた。

彼らなら、やってくれる。28年の空白を埋めてくれる。1次予選の戦いぶりと頼もしい新戦力の加入は、マスコミが期待を膨らませるのに十分だった。スポーツ紙や専門誌では、次第に『史上最強』というフレーズが使われるようになった。

「期待は大きいな、というのは感じてました。日本としては、２００２年のワールドカップ招致にも絡んでいたし。ただ、実際にプレーする僕ら選手たちは、失うものはなかったし、Ｊリーグがスタートしていたこともあって、これから世界に挑んでいくんだっていう意識も高まっていた。そこからやっぱり、『自分たちが世界の扉を開くんだ、日本サッカーの未来を作るんだ』っていう意識が強くなっていったんじゃないかな」

最終予選が近づくにつれて、静かだった周囲はにわかに騒がしくなってきた。日増しに緊張感が高まっていくなかで、チームの大黒柱である小倉が戦線から離脱してしまう。最終予選を約1か月後に控えたマレーシアでの合宿中に、右膝後十字じん帯断裂の大ケガを負ってしまうのである。

小倉がオランダへ留学していた当時、前園は何度か連絡を取っている。

オランダ2部リーグのエクセルシオールに所属していた小倉は、クラブ最多のゴールを叩き出すなどの活躍を見せていた。1部リーグのクラブからも誘いを受けるほどだった。

「あいつ、向こうに残るか日本に帰るかで、色々と悩んでたんですよ。それでも戻ってきたのは、オリンピックを意識していたからじゃないかなあ」

小倉は帰国を選んだ。高校時代からお互いを知る二人は、西野監督のもとで初めてチームメイトとなった。合宿や遠征の食事では、いつも同じテーブルに座っていた。

「他の選手と比べて飛び抜けて仲が良かったというわけじゃないけれど、でもやっぱり、サッカー観とか、同じ考え方を持っているところはあって。信頼できる人間だった。紅白戦とか試合で何か気になったところがあると、『あの場面、こういう感じで動いたほうが良かったんじゃない?』って話したり。そうやって確認すれば、次からはもうスムーズに動けるところもあった」

五輪に賭ける思いを知っていただけに、小倉のケガは前園にとってもショックだった。

あのとき、どんな気持ちだったのか?

「いや、もう……」

前園は言葉を詰まらせた。しばらく間を置いてから、静かに話し始めた。

「マレーシアでコンディションをしっかり追い込んでいて、いい感じで調整をしながら最終予選へ、というタイミングだった。あのときは、もう、本当に、なんだ……練習の終わりぐらいの、何でもないシチュエーションというか。コーナーキックかセットプレーか、ボールを中に入れてゴールキーパーとオグが普通に競ったあとの着地だったはずなんですね。激しい対人練習ではなかった。ただもう、そのときは、スローモーションに見えたというか。膝がこう、逆に曲がってしまう感じで……。そのままオグは倒れ込んだから、『これはもう絶対にダメだな』と思って。その日か、いや、次の日の夜か、無理だって分かって、オグの部屋に行ったのを覚えてますね」

膝はパンパンに腫れていた。小倉は泣いていたか、呆然《ぼうぜん》としていたか。はっきり顔を見る勇気はなかったので、細かな表情までは覚えていない。

何かを言わなければいけない。励まさなければいけない。

そう思って、必死に言葉を探した。

「オグの分まで頑張るから、早く治せよ。出場権、絶対に獲るから。それまで治療に専念して、とにかく、早く治せよ」

それだけ言うのが精いっぱいだった。小倉は黙って頷いた、と前園はぼんやりと記憶している。


アトランタ五輪出場を賭けたアジア最終予選は、マレーシアの首都クアラルンプール郊外のシャーアラムスタジアムをメイン会場に、１９９６年3月16日に幕を開けた。

参加8か国は4か国ずつ2つのグループに分かれ、各グループの上位2か国が決勝トーナメント（準決勝）に進出する。決勝戦に進出した2か国と3位決定戦の勝者に、出場権が与えられることになっていた。8分の3のサバイバルである。

日本はグループAに振り分けられ、イラク、UAE、オマーンと対戦することになった。

3月16日の初戦はイラクが相手で、この試合は大会のオープニングゲームでもあった。

イラクは今大会参加チームのなかでもトップクラスの実力を持ち、グループリーグでもっとも難しい相手と考えられていた。グループリーグは中1日で3試合を消化する短期決戦なので、一度の躓《つまず》きが命取りになりかねない。このため、西野監督は「まず負けないこと」をイラク戦のテーマに掲げた。

この重要な一戦を、前園はスタンドから見守っていた。1次予選の累積警告により、出場停止処分を受けていたのである。

27分に城が先制ゴールを決めると、立ち上がってガッツポーズをした。

58分に同点ゴールを許すと、思わず頭を抱えていた。残り時間はハラハラドキドキの連続で、1―1のまま終了のホイッスルを聞いた瞬間は、全身から力が抜けていった。

「西野さんが強調していたプランどおりに、しっかり戦っていたと思うんです。すごくいい結果だった。でも、スタンドで観ている間は心配というか、不安というか、あんなにドキドキすることはいままでなかった」

続くオマーン戦は、「グループリーグ突破のために、絶対に勝たなければいけない」（西野監督）

という強い気持ちで臨んだ一戦だった。イラク戦のツートップから1トップに変更され、城を頂点に前園と中田が後方に控える。フォーメーションは3―6―1だ。

ゴールラッシュの口火を切ったのは、最終予選初出場となる前園だった。19分にPKを決めると、同点とされた直後の38分にはリードを取り戻す2点目をゲットする。後半開始直後の49分には城が2試合連続ゴールをマークし、67分には中田がダメ押しの4点目を右足ボレーで突き刺した。4―1の快勝である。

オマーン戦の試合終了時と同じ11人が先発に並んだUAE戦は、前半23分に上村健一（サンフレッチェ広島）のあげたヘディングシュートが決勝点となった。2勝1分けの日本は勝ち点で並ぶイラクを得失点差で上回り、グループリーグ1位で4日後の準決勝を迎えることになった。

対戦相手はサウジアラビアである。勝てば28年ぶりに世界への扉が開かれるが、負ければ3位決定戦にまわらなければならない。

最終予選でもっとも重要な一戦を、西野監督とその仲間たちは迎えようとしていた。

こういった国際大会では、試合の前日か前々日に対戦相手のスカウティングビデオを観ることになっている。相手チームの長所や弱点、警戒すべき選手の特徴を映像で確認しながら、ゲームプランが選手に伝えられていくのだ。

スタッフの作った映像が終わり、室内が明るさを取り戻す。いつもなら、選手たちが軽口を言い合ったりするタイミングだ。

この日は違った。「こうすればアイツは抑えられるんじゃないか」とか「そうすればイケるな」といった声は、どこからもあがってこなかった。

城が言う。

「僕らはすごい生意気で、自分たちが一番だと思っていた。どんな試合でも『勝てるよ』って感じだったし、フル代表にも勝てると言っていた。試しに練習試合をやったらいいとか、みんなで話してたぐらいだし。でも、サウジの得点シーンをビデオで観たときに、『これは負ける』と思った。それぐらいレベルが違った。あのサウジは最強だった」

ほとんどの選手が口を開かないままミーティングは終わり、選手たちはそれぞれの部屋に戻っていった。前園もそのひとりだった。

厳しいかな、ではない。

勝てないかも、でもない。

負ける、と前園は思った。

「これはホントにヤバいぞ、というのが率直な感想だった。それまでの相手とは、明らかにレベルが違う。ホントに強い、と思った。ミーティングルームが、凍りついたから」

勝たなきゃいけないのは分かってる。でも、正直、負けそうだ。マジでサウジは強い。

ヤバい、弱気になってる場合じゃねえだろ。ここで勝たないと、アトランタには辿《たど》り着けないんだぞ。

いや、3位決定戦がある。アジアの出場枠は3つだから、最悪、〝3決〟で勝てばいい。サウジに負けても次はある。

……そんなに甘くないよな。もうひとつの準決勝はイラク対韓国だ。グループリーグで対戦したイラクは強かったし、韓国には1月のオーストラリアで負けてる。どっちと対戦するにしても、勝てる保証なんてない――。

弱気な自分と強気な自分が、交互に現れる。そのたびに前園の心は揺れたが、何をしなければいけないのかははっきりしていた。

どんな手段を使ってでも、とにかく勝つしかないのだ。

「どうやってゴールをこじ開けるとか、そのためにどういうイメージを持って臨むとか、そんなことを考えられる状況じゃなかった。いままでやってきた自分たちのサッカーを出し切る。それしかなかったから」

キャプテンの覚悟は、西野にも共通するところがあったのだろう。「どんな相手でも自分たちのサッカースタイルを変えずに戦う」と話していた指揮官は、3バックから4バックへの変更を決断するのである。サウジの攻撃のホットラインを分断するために、中盤のキーマンには伊東を、ストライカーには白井博幸（清水エスパルス）をそれぞれぶつけた。

「でも、西野さんが戦い方を変えたわけじゃない。相手が強いから前半は守備的にやるとか、オレを含めた攻めの選手も前半は下がり目でとか、そういう指示はなかった。いままでどおり、練習どおりというかね。1点目の形なんかは、まさに練習どおりのパターンだった。ああいう形を理想に練習していて、『このタイミングで出せなかったら、今度はウラだよ』とか、『あの瞬間はこうだよ』とか、そういう細かいコンビネーションまで話し合ってたから、サウジ戦みたいなゴールが生まれたと思うんだ。練習に近い形になったときに、その先をみんながイメージできて、身体が自然に動くというように。ただ、あんなにもきれいに点が取れるとは思っていなかったけど」

前半4分だった。ボランチの廣長優志（ヴェルディ川崎）のパスを、前園がダイレクトで戻す。廣長は1トップの城彰二にクサビを打ち込む。城がヒールパスでゴール正面にボールを残すと、前園がトップスピードで飛び込んできた。

城には確信があった。ゾノは必ず抜け出してくる、という確信が。

「ゾノの特徴って、ドリブルはもちろんそうなんですけど、相手ディフェンダーが2枚いる間に、ちょっとズラしてパスを出せる選手なんですよ。だから僕は、ゾノのそういう動きを見て、常に準備していた。ゾノが30センチぐらいボールをズラした瞬間に、自分はグッとパスコースに入っていく。そうすると、ポンとボールが出てくる。出てきたときに僕がキープすると、ゾノはまたグッと押し上げてくる。抜けてくる。そういうところはいつも狙っているから、ポストからワンツーで落として、っていうシーンがすごく多かったのかな」

トラップをドリブルの一歩目とした前園は、二人のセンターバックのなかへ瞬時に身体を滑り込ませた。スピードを落とさずに、シュート態勢を作り出した。GKと1対1になっても、慌てずに相手の動きを見極めた。申し分のないプロセスを経て、前園は鮮やかな先制ゴールを決めたのだった。

1点リードで迎えた後半12分のゴールも、前園の左足から生まれた。

右サイドのスローインを受けた前園が、ペナルティエリア右の伊東へスルーパスを通す。そのままゴール前へ走り込んだ前園の足元へ、伊東から絶妙のタイミングでパスが戻ってくる。

「クロスを入れる瞬間のテルは、背を向けている状態だった。それを振り返りざまにピッタリのタイミングで低いパスを出してきたってことは、彼のなかで、何となくでも『ここに走ってるな』っていうのを感じて出してると思うんですよ。オレ自身も、『よしっ、出てきた』っていうタイミングで走っていた」

ここでも前園は、素早く正確にシュート態勢を整えた。左足から放たれた一撃が、飛び出してきたGKのワキを破る。背番号7を中心とした歓喜の輪が、またしても拡がっていく。

前園はチームメイトに声をかけていた。これまで何度も話してきたことだが、これまでよりも言葉に力を込めた。「まだだよ、ここからだよ」と。

「2点差になったからといって、楽になったわけじゃなかったから。逆に苦しくなったところもあった。今度はもう、サウジは点を取りにくるだけになる。2―0って、難しいスコアでしょう。1点取られると、向こうは勢いを増してくるし、取られたこっちは『ヤバい』って感じになる。もう1点取りにいく気持ちはあったけど、正直、そういう状態じゃなかった。肉体的にも、精神的にも」

フィジカルは限界に近づきつつあった。足首には痛み止めの注射を打っていた。前年から引きずっている右膝の痛みが、グループリーグ第3戦のUAE戦から無視できないレベルになってもいた。

後半32分、警戒していたO・ドサリにヘディングシュートを決められ、リードは1点差に縮まる。息を吹き返したサウジの攻撃が、日本をジワジワと追い詰めていく。

失点から6分後のことだった。サウジの攻撃をしのいでカウンターに持ち込み、城がロングシュートを放つ。相手ゴールキーパーが弾き、日本は久しぶりのコーナーキックを獲得した。前園がコーナーフラッグへ向かう。

短い助走からキックのモーションに入る直前、前園は足を滑らせて転んだ。すぐ近くに座っている地元の観客から、笑い声が漏れる。グラウンドレベルのテレビカメラは、険しい表情で左足の付け根をさすする前園を映し出す。試合を実況していたアナウンサーは、心配そうな声で描写した。

「あっと、これはちょっと滑りました！　前園、ちょっと、大丈夫でしょうかっ。あああ、後ろが、芝と境目のところが滑りやすくなっています」

ゴール前で待ち構える城は、「ああ、ホントに疲れてるんだ」と思ったという。

真実は違う。前園は足を滑らせたわけではなかった。意図的に転んだのだった。

「オレらはもうバテバテだったから、少しでもみんなが休む時間を作らなきゃと思って。マリーシアですよ、マリーシア」

味方選手さえ欺くのだから、見事なまでのマリーシアである。

見事だったのは演技だけではない。オリンピック出場を賭けた大一番で、しかも精神的にも追い詰められた状況下で時間稼ぎをしたところに、この演技の価値があった。

「あの場面は、ホントに少しでもいいから時間を稼ぎたかったんですよ。それはたぶん、アルゼンチンへ留学したこととか、ブラジル人と同じチームでプレーしていたことなんかで、自然に覚えていったことだと思う。だってそうじゃないですか。彼らって、ファウルでもないのにファウルをもらって、何とか自分たちに有利になるように試合を持っていくでしょう」

前園の答えに偽りはないだろう。ただ、南米への留学経験があるのは前園だけでないし、ブラジル人選手はJリーグの全クラブに在籍している。そのなかで彼だけがマリーシアを実行に移せたのは、何か特別な理由があったはずだ。

「どうですかねぇ……でもね、疲れてたり追い詰められてたり、そういう緊張感のなかでも、たぶんある程度は冷静にプレーしてると思うんですよ。で、試合を楽しんでたと思うんです。本当に苦しかったけど、でも何かこう、その大舞台で戦っているいまの自分とチームが、すごく楽しいというか、頼もしいというか。そういう気持ちでやってた部分はある。苦しいけれど、充実感を得ていた。だからなおさら、勝たなきゃいけないという気持ちもあった」

ラスト15分は、無抵抗のまま拷問を受けているようだった。サウジの攻勢は最後まで続き、川口が何度も身体を躍らせて危機を防いだ。中田がゴールライン上で相手のシュートをクリアする場面もあった。開きかけた世界への扉は、土壇場で重さを増していた。

前年のアジア最優秀レフェリーに選出されたモハメド・ナズリ・アブドゥラ主審のホイッスルが、照明に照らされたピッチに響く。その瞬間、前園は両手を突き上げた。

込み上げてきたのは、爆発的な歓喜か、心の底からの安堵《あんど》か。「やったぞ！」と声の限りに叫んだのか、「良かった……」と肩の荷を降ろしたのか。

「もうホントに嬉しいっていうかね。『オリンピック、決めたぞ！』という気持ちだったかな。すごく長い時間みんなと一緒にやってきて、練習を重ねてきて、やっとここまで来たから。やり遂げたぞ、決めたぞ、と」

仲良しグループではなかった。それぞれが尖《とが》った部分を持っていたから、ピッチ上では遠慮のないぶつかり合いがあった。ただ、激しく言い争っても、チーム内に亀裂が生じることはなかった。ギクシャクとした関係があれば、患部にそっと薬を塗るように誰かがフォローをした。気まずい雰囲気が尾を引くことはなかった。

「みんなでいつもワイワイワイワイと、仲良くやってます、というんじゃないんだけど、やるときはひとつにまとまる。お互いを信頼してね。そういう切り替えは、すごくできてたチームだった」

いまだから明かせるエピソードもある。

「あれは沖縄の合宿だったんだけど、何人かでホテルを抜け出して飲みに行ったんだ。泡盛なんて飲めないのに、すごく盛り上がっちゃって、帰ったのは朝の4時ぐらいだったか。午前中から練習だから、絶対に酒臭いんですよ。自分たちでも分かるぐらい。だけど、練習はしっかりやるんですよ、みんな。そこは切り替えてね。西野さんも絶対に分かってたと思うんだけど、何も言わなかったんですよ、そのときは」

沖縄の夜は中田も覚えていた。思わず表情が緩んだ。

「遊ぶときは遊んだし、ムチャもしましたけど、ただ、練習はしっかりやっていた。その日は真夏日で、すっごく暑かったけど、みんなもう、いつも以上に練習して。そのへんの、やるところはやるというのはしっかりしてましたよね」

小倉もそんなメンバーのひとりだった。

サウジ戦を終えてホテルに戻ると、前園はすぐに国際電話をかけた。携帯電話は持っていたが、海外で使えるものは用意していなかった。

小倉は声を詰まらせていた。

「泣いたでしょ？」と聞く。

「泣いてねぇよ」と、尖った返事が返ってくる。

前園はあらかじめ用意していたひと言を告げた。

「本番までに治せよ。絶対に治せよ」

今度は小倉も素直だった。「頑張るよ」と答えながら、鼻をすする音が聞こえてきた。

28年ぶりのオリンピック出場を勝ち取ったチームに、マレーシアでやり残したことがあったとしたら——韓国との決勝戦だろう。

1−2で競り負けてしまい、アジアナンバー1の座を逃したからではない。

サウジ戦までの熱を、チームが失ってしまったからだった。

「準決勝が終わって五輪出場が決まったからといって、ドンチャン騒ぎをしたなんてことはなかった。ただ、とてつもない達成感があって。それをやり遂げたあとにもう一回、さあ優勝するぞっていうモチベーションをあげるのは厳しかった。頭では分かっていたんだけど、身体がついていかなかった。サウジ戦を上回るようなモチベーションがなかったのは事実です」

逃したものの大きさに気付いたのは、終了のホイッスルを聞いた瞬間だった。

韓国の選手は狂喜した。スタッフと控え選手もベンチを飛び出し、ぶつかり合うように抱き合っていた。

「オリンピック出場はもう決めてるのに、オレらに勝って喜んでる。あいつらにはあったんですよ、決勝で勝ちたい、日本に勝ちたいっていうモチベーションが。絶対に。それが悔しかった。何でもうちょっとできなかったんだろう、何でもうちょっとやらなかったんだろう、という自分への怒りみたいなものも込み上げてきて」

試合後には表彰式があった。ＡＦＣ（アジアサッカー連盟）の役員から銀メダルを首にかけてもらったが、前園はすぐに外した。誇らしい気分にはなれなかった。

「結局、また1点差で、韓国の決勝点はアジア大会と同じでまたＰＫ。またいつものパターンか、というのもあったし」

日本のほうがいいサッカー、モダンなサッカーはやっている。技術のレベルは間違いなく高い。

それなのになぜ、韓国には勝てないのか。今回も負けてしまったのだろうか。

胸のあたりに何かが引っ掛かったままで、試合後もすぐには振り払えなかった。

しかし、成田空港へ降り立った前園は、決勝戦の悔しさをなかば強引に取り除かれることになる。日本を28年ぶりのオリンピック出場へ導いたキャプテンは、わずか2週間ほどで国民的な知名度を持つようになっていたのである。

第2章

マイアミの奇跡の裏側

えっ、なに、これっ？

前園は思わず後ずさりしたい気分になった。チームメイトも驚きを隠せずにいた。

成田空港へ到着し、飛行機から降りる。重い身体を動く歩道にあずけ、入国審査の列に並ぶ。髪の毛の乱れを気にしながら「疲れたなあ」とため息をこぼし、「ここからまた、時間がかかるんだよねえ」などと言い合うのが、これまでのパターンだった。

この日は違った。飛行機から降りると、いきなりシャッター音を浴びせられたのだ。現地マレーシアで取材をする日本人記者も多かったが、空港でいきなりファインダーを向けられたり、テレビのインタビューを受けるとは思わなかった。

「向こうでも新聞のコピーは読んでいたから、日本の盛り上がりみたいなのは何となく分かってるつもりだったんですよ。でも、帰ってきてみたらホントにびっくり」

変化は彼のすぐそばにも及んでいた。プライベートに踏み込んできた。

「何が一番困ったって、周りに知らない人がすごく増えたこと。色々な人が声をかけてくれるのは嬉しいけれど、その反面で戸惑いとか居心地の悪さを感じることもあった。落ち着かないし、慣れないし」

前園は周囲の人間に気を遣うタイプである。気のおけない友人にやんちゃな顔を見せつつも、ひとりの時間を大切にする一面もあった。

その時間が、塗り潰されようとしていた。自分の周りを取り囲む人間が増えれば、あれこれと気配りをする場面も多くなってしまう。プロとして致命的な変化ではなかったものの、最終予選前とは生活のリズムが明らかに変わりつつあった。

アトランタ五輪出場決定から約2か月後の5月下旬、五輪代表はチュニジアへ遠征した。チュニジアはアフリカの第2代表を勝ち取っていたが、選手からは「中1日で同じ相手と2試合もやるのは意味がない」という不満の声があがっていた。2002年のワールドカップ開催国決定が6月に迫っていたため、「五輪代表がアフリカの票集めに駆り出された」という報道もあった。

結果は1勝1敗だった。第1戦が2－1の勝利で、第2戦が2－4の敗退というのは、選手たちのモチベーションの違いが如実に表れたものだったと言っていい。

西野監督にしてみれば、とにかく試合をこなしておきたかったに違いない。最終予選終了後はJリーグとナビスコカップがすき間なくスケジュールされていたため、このチュニジア遠征は数少ない強化期間だったからである。

実はこの頃から、前園を含めた攻撃のプレーヤーはあるストレスを抱えていた。

攻撃にもっと人数をかけるべきだ。世界が相手だからって、ビビることはない。オレたちはできるはずだ――。

「もっと言えば、最終予選のときもそういう気持ちはあった。韓国戦のハーフタイムに、彰二が西野さんと口論してるんですよ。『サポートに来てほしい、もっと押し上げてくれ』みたいなことを言ったら、西野さんが『そういうわけにもいかない。ディフェンスも精いっぱいだ。自分のことだけを考えるんじゃない』って。オレの場合はキャプテンという立場もあったし、自分がそれを言っちゃいけないだろうって」

城に確認してみると、「えっ、そんなことありましたっけ?」と、要領を得ない表情を浮かべた。キーワードをいくつかあげると、「ああ、したかもしれないですね。そういうこと、いろんなところで言ってますからね」と笑った。攻めたいという意思表示を明らかにするのは、彼らにとってそれぐらい日常的だったということなのだろう。

本大会の組み合わせが決まると、それまで閉じ込めてきた前園の攻撃性は抑えがたくなっていた。

日本は初戦でブラジルと対戦することになった。2日後の第2戦はナイジェリアで、グループリーグの最終戦はハンガリーである。

2年前のワールドカップで4度目の世界チャンピオンに輝いたブラジルは、「我々に足りないものはオリンピックの金メダルだけだ」と、本気で優勝を狙ってきた。オーバーエイジにはワールドカップ優勝メンバーのアウダイールとベベート、それにパルメイラスで売り出し中だった24歳のリバウドを指名していた。チームを率いるのは、セレソンと同じマリオ・ザガロだ。サッカー王国の本気度がうかがえるメンバーである。

「最初は『マジかよっ』って感じでした。ブラジルとナイジェリアって、そりゃ、ないだろ、と。ナイジェリアもカヌー、オコチャ、ババンギダ、ヴェスト、アモカチ……ヴェストなんて抜けるわけないし、アモカチなんて誰が止めるのって。でもね、組み合わせが決まって少しずつ、あのブラジルとできるのか、あのナイジェリアとできるのかって。そんなチームと真剣勝負なんて、なかなかできない。ヤバいよこれ、楽しみだな、どれぐらいできるんだろう、っていう気持ちが大きくなっていったんだ」

それに、と続ける。

「相手によって戦い方を変えるんじゃなくて、自分たちのやってきたサッカーをやろうっていうのがオレらの、アトランタ組のひとつのテーマだった。相手が強いから合わせるんじゃなくて、オレらのサッカーをやろうよって、みんな思っていたはずだから。それはよく、みんなで話してたんですよ。だから、自分たちのサッカーでブラジルやナイジェリアにぶつかったうえで、どれぐらいできるのかを知りたかったんだ」

世界のトップクラスを相手に「どれぐらいできるのか」を知るには、真っ正面からぶつかっていく時間がなければならない。自分たちから仕掛けていく場面が多いほど、「何が通用して、何が通用しないのか」を実感することができる。前園たちが「攻めたい」というメッセージを発信するようになるのは、相手の特徴を消すばかりでは世界との距離が測れないからだった。

「自分はどのあたりにいるのかを、はっきり、しっかりと知りたい。そこのところが一番強かった。自分がどこまでやれるのかが、一番興味があるところだったから。それイコール、自分だけじゃできないから、チームとしてもどこまでできるのか、ってことなんだけど。もちろん勝ち負けは大切だけど、それよりもまず、日本はどこまでできるのか、自分はどれだけやれるのかを、オリンピックの舞台で確かめたかった。そのためには当たって砕けろじゃないけど、やることはやろうよ、と。だから、結果というのはあまり考えていなかったんだ」

1992年のバルセロナ五輪に日本が出場していれば、前園はまったく違うスタンスでアトランタへ向かうことができたかもしれない。

4年前のバルセロナのチームはあれぐらいできたから、自分たちはたぶんこれぐらいできるはずだ。あのチームの課題はスピードにあったから、もっと判断を速くしないといけない。まずはその差を埋めることで、世界と互角に戦えるはずだ――4年前のチームが残した成果と課題を受けて、こんな考えを持つことができたはずである。

しかし、28年の空白を突き破ったこのチームは、Jリーグ開幕後に登場した先駆者だった。彼らの前を歩く者のなかに、世界における日本の現在地を知る者はいなかったのである。

U−17やU−20の世界大会に出場し、自分たちのポテンシャルを肌で感じていた中田や松田のような選手は、当時はまだ少数派だった。その彼らにしても、オリンピックは初めてだった。23歳以下のこの世代で、日本の選手は何ができるのか。世界のトップクラスとの違いはどんなところにあるのか。はっきりしているのは、ブラジルとナイジェリアに真っ向勝負を挑むのは、きわめて無謀なチャレンジということだった。

チームを預かる立場にある者が、現実的なゲームプランを選択するのは当然である。「11人で守備の意識を高め、必ず来る少ないチャンスを生かすこと」に活路を見出《みいだ》そうとした西野監督が、ブラジルの長所を消そうとしたのは論理的な決断だったと言っていい。

ブラジル戦については、前園も納得することができた。スカウティングビデオを観ているうちに、最終予選のサウジ戦とは違う種類の衝撃を受けていたからだった。

「普通はね、『おーっ』とか、『何っ、いまのプレー？』とか、そんな感じで話しながら観るんですよ。でもね、あのときはシーンとしていた。最後まで、誰も喋らなかった。ブラジルがやられるシーン、失点シーンも観たはずだけど、ほとんど記憶にないから」

映像に収められたブラジルの選手たちは、とにかくスピーディーだった。

「それこそ、ビデオを3倍速にしたようなスピードというか。サビオ、速い、速い。ジュニーニョ・パウリスタ、オレより小さくて細いのに、何だよ、この速さは。ロベルト・カルロス、どんどんタテに出てくる。これが世界のスピードなのかって感じで」

1996年7月21日の現地時間18時30分、グループリーグ第1戦のブラジル戦がキックオフされた。サッカー競技はアトランタのほかアラバマ州バーミンガム、ワシントンDC、フロリダ州オーランド、マイアミの5会場が舞台である。

日本対ブラジル戦は、マイアミのオレンジボウル・スタジアムが舞台となった。

フロリダ州の南端に位置するマイアミは「中南米への玄関口」と言われており、南米にルーツを持つ者が多く移り住んでいる。ブラジルにとってはホームのような場所で（そもそもスター選手揃いのブラジルは、どこへ行っても人気が高いのだが）、日本の選手たちが試合前のウォーミングアップに登場すると、スタンドからブーイングを浴びせられた。

ゆったりとしたリズムで幕を開けたゲームは、10分のベベートの直接フリーキックからにわかに動き出す。ジュニーニョ・パウリスタの直接フリーキックにアウダイールが飛び込み、左サイドをサビオが突破する。ロベルト・カルロスの左足がうなりをあげる。

日本のフォーメーションは、城を頂点とした3−4−2−1だった。「4の両サイド」を担う路木龍次（サンフレッチェ広島）と遠藤彰弘（横浜マリノス）は、なかなか攻撃に関わっていくことができない。

前園、中田、城のトライアングルも、ディフェンスで汗を流す場面が多くなる。前園自身、あれほど抱いていた「攻めたい」という欲求を感じる余裕がなかった。

「僕の感覚では、ブラジルには何もやらせてもらえなかったという印象。ビデオで観ていたから速いというのは分かっていたけど、実際に相対するとまた違うじゃないですか。一瞬のスピードとか判断の速さは、まったく違いましたね。ビデオよりもさらに速く感じられた。ボールをキープしてつなぎたかったけど、できなかったし。パスを出す選手が慌ててるから、受けた選手が苦しくなる、ということが多かった。３本か４本つないだら、もう終わりだったから。自分たちがイニシアチブをとることができなかったし、相手を追いかけるしかなかったから、それはもうしかたがなかった。『攻めようぜ』なんて、言えなかったもの」

五輪代表の選手は、「若手」と表現されることが多い。20歳前後なら大学生の年齢だし、チーム最年長の23歳にしても、社会人なら就職したばかりのフレッシュマンだからだ。

ブラジルは「若手」ではなかった。すでに「大人」のプレーをしていた。

「いつパスを出せばいいかというタイミングの見極めとか判断が、できているなあと。サッカーは判断のスポーツだと思うんだけど、そこの差が日本と世界ではすごく大きい。ボールが来る前の状況判断、受けた瞬間の判断、トラップしたボールをどこに置くかの判断とか……。『この夕イミングで』と思ったときのプレーじゃないと、世界では通用しない。ひとつでもトラップが多くなると、パスコースが消えちゃうじゃないですか。逆にひとつ早いタイミングでボールを離すことによって、パスを受けた味方選手がトラップして抜け出せる、みたいな。そういうことを普通にやっていたんですよ、彼らは。技術があるのは当然で、そのうえでサッカーをよく知っている。わざと相手を寄せておいてワンツーを使ったりとか、引き付けておいてフリーの選手に出したりとか。相手の裏を取ることを、いつも考えている。それはもう、強烈に感じましたね」

はっきりと覚えているプレーは四つほどしかない。記憶のなかの自分は、そのすべてでボールを失っている。あっという間に潰されていた。

「相手をひとりかわしてゴール前へ行って、ロベカルか誰かにボールを取られた。オレはファウルのジェスチャーをしたんだけど、反則を取ってもらえなくて。それで、ロベカルに『何だ、お前』って言われて……。ふたつ目はフラビオ・コンセイソンをワンタッチでかわしたのに、そのあとバチンと当たられて自分がファウルを取られた。それって、普通は当たられないでそのまま抜ける場面だったんですよ。完全にかわしてドリブルのスピードに乗ったのに、後ろから追いつかれたこともあった。それと、ゼ・エリーアスに普通にボールを取られたシーン。仕掛けても簡単に取られちゃったんです」

同じ距離をランニングするにしても、攻撃側と守備側では疲労度が違う。ディフェンスの局面が多いほど、精神的にぐったりとしてくるものだ。

ブラジル戦の五輪代表が素晴らしかったのは、圧倒的な守勢に立たされながら、精神的に折れる選手がいなかったことである。「選手全員が90分間にわたって自分の仕事を忠実にこなし、ブラジルのいいところを出させなかった」という西野監督の分析は、日本時間の早朝に行なわれたこの試合を的確に言い当てていただろう。

前半から決定的なチャンスを作り出し、それでも得点をあげられなかったブラジルは、次第にジリジリとした精神状態に陥っていた。好セーブを連発するゴールキーパーが精神的に乗ってくることを、彼らは経験として理解している。シュートを阻止されるたびにベベートやリバウドが表情を歪めたのは、「これでまた、相手のゴールキーパーを乗らせてしまった」というジレンマによるものだったはずだ。

もっとも、ブラジルの顔色をうかがう余裕など、日本の選手たちは持ち合わせていなかった。ひとつのプレーが終わるたびにほっとため息を漏らし、また次のプレーに向かうという過酷なルーティーンを繰り返していた。

「後半の20分前あたりで、ロナウドが入ってくるんだよね。あのロナウドがサブっていうのが、またすごいんだけど。あのあたりで、相手もちょっと慌ただしいな、焦ってるのかな、というのは感じた。でも、だからといって『よし、これはイケる』なんて気持ちはまったくなかった。たぶんブラジルは、1点取れば勝てると思っていただろうし、1点取ったら3点ぐらい取れるっていう気持ちもあったと思う。終わってみれば3–0とか4–0になるような試合を、イメージしていたはず」

PSVアイントホーフェンからバルセロナへの移籍が決まっていたロナウドの登場を、前園は「何が何でも点を取る」というブラジルの意思表示として受け止めた。

その直後、ベベートのシュートが川口を襲ってきた。ブラジルのファンが乱入して試合が一時的に中断するが、今度は右コーナーキックからリバウドのヘディングシュートが左ポストをかすめていく。すでにトップギアにシフトしたと思われたブラジルは、なおも余力を残しているようだった。

とにかく耐えなきゃいけない。

でも、どうやって点を取る？

そんなときだった。

伊東が前線へ飛び出していったのは。

「あれはホントに意図したプレーだった。ボールをまわしてしてゲームを支配するのはムリだから、ボールを持っていい状態だったら、ディフェンスラインの裏を狙うというのがあの試合の戦術だった」

路木のクロスに反応した城の動き出しは、ジダとアウダイールの正面衝突を誘った。ゴールキーパーとセンターバックがいなくなったゴール前には、背番号8をつけた伊東しかいない。誰も予想できなかった場面が、現実となりつつあった。

「路木にパスを出したのはオレなんですよ。で、もう一度もらって展開するというイメージもあったから、前へ飛び出すんじゃなくてサポートにいったのかもしれない。本当なら、あそこに飛び出すのはヒデか自分のどっちかなんだろうけど」

ボランチの位置から最前線へ駆け上がった伊東は、右足のインサイドでそっとボールに力を加えた。世界に衝撃をもたらすゴールが、72分に生まれた。

「でも、そこから先が長かった。守っている視線の先に時計が見えるんだけど、これがなかなか進まない。普段はあんまり見ないんだけど、早く進め、早く進めって思ってた」

90分、リバウドのクロスからアウダイールがヘディングシュートを放つ。シュートはバーを越えていく。

91分、後半11本目のコーナーキックからロナウドがシュートをするが、日本のディフェンダーに当たって再びコーナーキックとなる。

92分、ゴール前に上がりっぱなしのアウダイールのヘッドが、ポスト左へ逸《そ》れていく。

92分、川口のゴールキックがハーフウェイラインを越えたところで、メキシコ人のベニート・

アルチュンディア主審がホイッスルを口に運んだ。

誰かが抱きついてきたか、自分から抱きついたか。とにかく、前園はチームメイトと抱きあった。ハイタッチをした。ベンチから出てきた控え選手に、痛いぐらいに身体を叩かれた。

ブラジルから勝利をつかんだのだ。ほぼ1年前にフル代表が1―5の大敗を喫したブラジルを、真剣勝負で破ったのだ。達成感がなかったと言えば嘘になる。

ただ、歓喜が全身を駆け巡ったわけでもなかった。

「結果的に『うわっ、勝っちゃったよ、マジかよ、嬉しいよ』って思ってるんだけど、ブラジルとはこれだけの差がある、世界のトップはこんなに違うんだっていうものを、痛感させられた試合だったんだ。『勝った!』っていう気分にはなれなかった」

6万5000人強のキャパシティを持つシトラスボウル・スタジアム(オーランド)へ舞台を移した2日後のナイジェリア戦も、日本のフォーメーションは3―4―2―1だった。右アウトサイドの遠藤がアキレス腱を傷《いた》めたため、白井博幸が「4の右」で起用された。エースキラーである白井の起用には、「ブラジル戦と同様に守備の意識を高め、ナイジェリアのいいプレーを封じ込んで少ないチャンスをつかむ」という西野監督のゲームプランが表れていた。

序盤のイニシアチブを握ったのは日本だった。2分、右サイドから中田がミドルシュートを放つ。15分には前園が右サイドでパスカットに成功し、際どい場面を作り出す。19分には決定的な場面が生まれた。中田のスルーパスに反応した城が、オフサイドラインをかいくぐって抜け出す。相手ゴールキーパーに阻まれてしまうものの、ゴールの気配が漂っていく。予想外の展開に、ナイジェリアの選手は互いを罵倒している。

ところが、30分あたりから試合の構図が変わっていく。前園と中田がディフェンスに引っ張られる場面が増え、相手ゴールへ迫れなくなってしまうのである。攻撃の迫力は低下し、0－0のままハーフタイムを迎えることになった。

「前半が終わってみて、『これは勝てるな』と思ったんですよ。ナイジェリアの身体能力はすごかったけど、コンディションが明らかに悪かった。チームとしてのパワーみたいなものは感じなかった。それに、打開できないレベルじゃないなって。前半はほとんど3人で攻めてたわけだし。ロッカールームへ戻るときに、『絶対イケるよな』『後半、もっと攻撃的にやれば絶対に点取れる』って、彰二とヒデと話してたんですよ。もうひとりか二人ぐらい上がってきてくれれば取れるって」

ロッカールームへ戻ると、中田が路木に声をかけていた。前園の知る中田は、感情的にモノを言うタイプではない。チーム最年少の19歳は、このときも冷静に話しているように見えた。

中田と路木のやり取りに気づいた西野監督が、二人の会話に加わった。指揮官の表情が強張《こわば》っていく。厳しい口調で中田に迫っていた。

「西野さんは確か、『自分たちのことを考えないで、チームのことを考えろ』っていうようなことを言ったと思うんですよ。『みんながそうやって頑張ってるんだから』と」

中田の主張は聞き入れられず、西野が声を荒らげたことで、ロッカールームには重苦しい空気が漂ってしまった。中田を支持するチームメイトは少なく、戸惑う路木に同情する空気が支配的だった。

「僕自身はヒデと同じ気持ちだから、『ヒデ、違うだろ』なんて言えるわけがなかった。正直なところ、西野さんの言うことにガッカリしたところもあったし。僕としてはやっぱり、オレらが感じてるのと同じ気持ちで、『後半は点取りに行くぞ、勝ちに行くぞ』と西野さんに言ってほしかった。『もう少し辛抱をして、チャンスを見極めて』っていう話も分からなくはないけど……」

ハーフタイムに亀裂が生じたことを考えれば、80分過ぎまで0—0で持ちこたえたのは驚異的だったかもしれない。

川口はこの日も好セーブを見せ、3バックと両アウトサイドは懸命に身体を張った。タテに速いナイジェリアの攻撃を、日本の守備陣はオフサイドトラップを活用しながら封じていた。ボランチの伊東は、攻撃に関われる場面では前線へ飛び出していった。

しかし、勝ち点3をつかんだのはナイジェリアだった。

もし、彼がいたら。アトランタのチームはどうなっていただろうか。

中田が「大将」と呼び、城が「本当のエース」と認め、前園と対等に話のできる小倉がいたら、ナイジェリア戦の衝突は避けられたのだろうか。

「僕はその場にいなかったので、なかなか言いづらいですけれど……まとめに入っていたかもしれないですね。まとまらないといけないわけだし。まあ、オリンピックみたいな大きな大会で、しかも大一番ということで、僕だって興奮して何もできなかったかもしれないですけど。ゾノとかヒデの感覚は分かるんですよ。でも実際のところ、プロ的な考えをすると、結果を出すことで初めて色々なものが残っていく。ブラジルに勝ったから、いまでも『マイアミの奇跡』と言われる。結果のあとから色々なものがついてくるという部分では、ゾノとかヒデの考え方は難しいのかなあ、と。もちろん、アイツらの気持ちはよく分かるんですよ。発展途上だった日本のサッカーが、技術的な部分でも変わり目の世代になって、技術的にだいぶレベルが上がってきて、世界と勝負できるようになってきた。よし、強気にやりたいというのはあったと思うし。自分たちのサッカーがどこまでできるのか、っていう気持ちを持つのは分からなくないですから」

２００８年現在の我々は、日本人らしいサッカーというものを具体的にイメージすることができる。たとえばそれは、「ボールも人も動くサッカー」であり、「日本人の特性としてのアジリティ

（敏捷性）を生かしたサッカー」であり、「個々の技術の高さを生かしたサッカー」といったものだ。

リスタートをストロングポイントとする、精度の高いキッカーを活用するといった、具体的なゲームプランを描くこともできる。中村俊輔（セルティック）や松井大輔（サンテティエンヌ）のように、「世界の最先端のサッカー」を語れる人材もいる。

時計の針を1996年に戻す。

Jリーグ開幕4年目の日本に、「ボールも人も動くサッカー」という定義は存在しなかった。あったとしても、ごく一部の指導者や関係者が理解する程度にとどまっていた。「アジリティ」という言葉も、広く一般には知られていなかった。日本人選手の技術がアジアや世界でどれほどのレベルにあるのかを、正確に把握することもできていなかった。

何かを模索していたというより停滞していたと言ってもいい時代の背景には、1993年10月のアメリカワールドカップ最終予選も関係している。

ロスタイムの失点でワールドカップ出場を逃したイラク戦を、日本のメディアは〝ドーハの悲劇〟と報じた。間違いなくそのとおりではあったが、なぜ〝悲劇〟は起きてしまったのかという検証は、ほとんどなされなかった。

テレビもラジオも、新聞も雑誌も、「よく頑張った」とチームを讃えた。泣き崩れた選手を慰めた。1996年のアトランタ五輪や1998年のフランスワールドカップ出場へ向けて、日本サッカーの方向性を議論していく好機をみすみす逃してしまったのである。

小倉があるエピソードを紹介した。

「対世界と言っても、日本は何を肉付けして世界に追いついていくのかというところが、当時はまだまだ漠然としていた気がするんですよ。僕がオランダから帰ってきてすぐのフランス戦。1994年ですか、フランスに1－4で負けましたよね。僕、1点取りましたけど、ビックリしましたから。大人と子どものサッカーだって。こっちは何もできない。ボールを取りにいけない。相手のパスコースを追い込むこともできない。『世界の一線級とはこんなに差があるんだ』と。ああいうものを、みんな、知っておくべきでしたよね」

前園はこう考えていた。

勝てるはずのなかったブラジル戦で、勝ち点3をつかむことができた。ここで勝ち点3をプラスできれば、グループリーグ突破も見えてくる。前半の内容ならチャンスはあるから、積極的に勝負を仕掛けるべきだ。「自分がどれぐらいできるのか」を測るためでなく、勝利の可能性を拡げるために攻めるべきだと考えたのである。

「監督が言うことには、もちろん従わなきゃいけないけど、でも、自分が持っているものを出さないとダメだろ、と。そのためにオレは選ばれて、ここにいるんだっていう気持ちがあったから。僕ならとにかく、仕掛けることを求められていたわけで」

勝利の可能性を追求していたのは、西野も同じだった。試合前には「ブラジル戦の勝利を生かすようなゲームがしたい」と語っている。ただ、そこからもう一歩踏み込んだところでの方法論が、監督とキャプテンでは微妙に異なっていた。

どちらの意見が尊重されるべきなのかは、言うまでもない。

だからといって、前園や中田は責められるべきなのか。

そうではないだろう。彼らの主張には根拠があった。それが、皮膚感覚という目に見えないものであっても、単なるエゴでなかったのは確かである。

「ナイジェリアのコンディションが悪いとか、これは絶対に点が取れると感じたのは、2試合目だったからかもしれない。僕にとっては初めての世界大会だったけど、でも、ブラジルとやったことで、ナイジェリア戦はイケると感じることができたんだ」

それに、と前園は続けた。

「あのチームには自分に自信を持ってるヤツが多くて、自己主張をしっかりするヤツばかりだったから、それまでだって意見を言い合ってきた。そういう感じでずっとやってきたから、ナイジェリア戦のハーフタイムは黙っていたとしても、試合が終わったあとに言ったかもしれない。あるいは、ハンガリー戦が始まるまえに『こうしたい』と切り出したかもしれない。それが、僕らのチームのやり方だったと思うから」

西野監督の言い分も、いまなら理解できる。ディフェンダーの立場も分かる。

それでも、自分が間違っていたとは思わない。

もし、あのハーフタイムに戻れたら。今度はヒデではなく自分が、もっと違う言い方で、「攻めましょう。勝ちに行きましょう」と主張したいと思う。


ハンガリーとのグループリーグ最終戦は、３−２の勝利に終わった。２点のビハインドで迎えた後半終了間際に立て続けにゴールを奪い、逆転勝ちを収めたのだった。

しかし、ブラジルがナイジェリアを下したため、日本は得失点差で８強入りを逃してしまう。４か国のグループリーグ制となった１９６０年のローマ五輪以降、２勝した国が決勝トーナメントに進出できないのは初めてのことだった。

前園は２ゴールを記録している。ロスタイムに３−２とする逆転弾を決めると、コーナーフラッグ付近に座り込んで拳を握りしめた。

「ブラジルが勝っていたから、３点差をつけて勝たないと決勝トーナメントには上がれなかった。だから、『早く戻れっ！』ってベンチからも言われたんだけど、とにかく勝って終わりたかった。自分としては気持ちも切り替えてたし、ハンガリーに負けたら何も残らない気がした。やっぱりね、このチームが好きだったから、何とか最後に勝ちたかった。勝って終わりたかったんだ」

ホテルへ戻ったチームは、いつものように食堂に集まった。食事を終えるとすぐに席を立つことの多い前園は、この日も部屋へ戻った。読みかけの雑誌を広げていたか、DVDを観ていたところだったか。いずれにしても、部屋のチャイムが彼の動きを止めた。

「秋葉だったと思うんだけど、『みんな、残って飲んでるから、来ない？』って言われて。で、また食堂に戻ったんですよ」

今日でもう終わりだな。このメンバーでやるのも、これで最後か。

ホント、長かったなあ。やっぱ、決勝トーナメント、行きたかったね。

2勝だぜ。ブラジルに勝ってるのになあ。

次は何、オレらの目標？

やっぱ、フランスだろ……。

つうか、Jっていつからだっけ？　オレら、少しは休めるのかな。

2年半分の思い出が語られ、これからの話へつながっていく。ゆったりとした時間が流れていた。

「やっぱり、寂しかったね。自分のやりたいサッカーができていた部分もあったし。もちろんできない部分もあって、それに対して不満を感じたり。西野さんとの食い違いもあったけど、同じモチベーションで、高い目標を持った選手が揃っていたから。すごくやりがいもあったし。何だかんだ言っても、楽しかったんだよね。ずっと一緒にやっていたいな、という気持ちがあった」

コンビネーションやコミュニケーションが成熟したチームには、「このタイミングならここにいるはずだ」とか、「この角度ならここでパスを欲しいはずだ」といった関係性が成立している。アイ・コンタクトを交わさなくても、声でボールを呼び込まなくても、パスがつながっていく関係だ。

「でもね、実はそういうのって、なかなかないんですよ。長い時間プレーしていても、感じあえないこともある。そういう意味では、サッカーの感覚が合っている選手が多かった。周波数が同じっていうかね」

前園にとっての中田は、そうした選手のひとりだったはずだ。中田にとっても、である。

「お互い欲しているところが似ていたので。僕は自分で突破していく選手じゃないですし、どちらかというとパスを出してということなので、ドリブルがうまい選手を探しているところはあると思うんです。ゾノはドリブルでいくタイプで、彼は彼で自分の欲しいパスを出してくれる選手を探す。そういうところで一致した部分があって。僕にとっては非常にやりやすかった」

興味深いのは、中田もまたこのチームに強い愛着を抱いていることだった。

「これはゾノがいたからだけじゃないんですけど、やっぱりあのチームというのは雰囲気が良かったし。みんな楽しくやっていて。普通だったら、チームのなかでいくつかグループに分かれるじゃないですか。あのチームは、グループが分かれなかったですね。もちろん、メインでうるさく騒ぐ選手はいましたけれど、ただそれでも、大人しそうな選手も最後に一緒になっているような。あまり喋らないような選手も、みんな仲良く、楽しくやっていたので。みんなが楽しく感じてたんじゃないかなあ。そういう選手は多いと思うんですけど、たぶん。いままで色々な代表で、年代別のチームでやってきましたけど、たぶん一番面白かったチームですね」

記憶とは曖昧《あいまい》なものである。やるせなさや怒りは、時間の経過とともにやわらぐ。記憶から取り除かれていく。そして、懐かしさや楽しさ、満足感や喜びといったものを、人は大切に持ち歩いていく。

それにしても、彼らの表情には無理がなかった。記憶のなかの引き出しから、大切な思い出を嬉しそうに取り出しているような温かさがこぼれていた。

ひとつの区切りは感傷的な気持ちを呼び覚ましたが、新たな意欲も膨らんでいた。

「アトランタが終わって、『よしっ、次は海外だ』って感じになった。自分のなかでひとまず判断ができたから。技術的なことで言うと、ファーストタッチとか、マークをひとり外すとか、そういったところは通用するなと感じた。ただ、自分はこれでいけるなという部分より、『このままじゃ成長しない』という気持ちのほうが大きかった。こんなにうまいヤツらが、世界にはたくさんいるんだっていうのを、初めて思ったから。ハンガリーにしたって、名前も知らない選手だけど、やっぱりうまいわけですよ。高いレベルでもまれてるから、僕にないものを持っている」

ヨーロッパや南米の選手には、五輪が終わってもタフな日常がある。五輪よりも厳しいレベルに身を置くことができる。今回は抜き去ることができた相手が、次に対戦したときはさらにパワーアップしているかもしれない。かもしれない、ではない。間違いなく力をつけているだろう。世界のトップクラスのリーグには、それぐらいの厳しさがあるはずだ。

立ち止まっている時間はない。

憧れだったヨーロッパの舞台は、すぐにでも向かうべき目的地となっていた。

「日本でやっている感覚だと、ボールを取られちゃうわけですよ。ひとりかわしたと思っても、そこから足が出てくるし、もちろん当たり負けもする。そのなかで、『こういう形だったら抜ける』というものも感じたりして。それにしても、『こういうヤツらと毎日練習していないと、うまくならないんだなあ』っていう思いのほうが強かった。いまは1対1で勝てるヤツにも、数年後には置いてかれちゃうかもしれないって。ブラジルとかナイジェリアの選手には、このままじゃ絶対に追いつけないって。逆に言えば、『こういうレベルで練習をしていたら、絶対にうまくなる』っていう感触を得ることができたというのもあった。だから、早く行かなきゃという気持ちが強くなったんだ」

アトランタ五輪のピッチに立つ以前から、前園のもとには獲得のオファーが届いていた。実際にプレーをチェックするために、GMを日本に送り込んできたクラブもあった。「フリューゲルスと喧嘩別れをしてまで行くつもりはない」が、「3年ぐらいは海外に逃亡したい」という言葉は冗談でなかった。「自分で移籍金を払ってでも」と、考えることさえあった。

湧き上がる海外への思いは、いったいどこへ行き先を定めるのか。希望どおりのスペインなのか、あるいは違う国のクラブなのか。10月で23歳になる前園のキャリアは、重大な転機を迎えつつあった。

第3章

サッカー少年の夢

海外への憧れは、小学生の頃からずっと温めてきたものだった。

前園がサッカーボールに初めて触れたのは、まだ4歳の頃である。正確には生まれて間もない頃からボールと戯《たわむ》れていたらしいが、白と黒のボールが初めて記憶のなかに登場するのが4歳なのだ。4歳年上の兄の影響だった。

兄は地元の少年団でサッカーをしていた。足が速くてドリブルがうまく、チームのレギュラーだった。兄と一緒にグラウンドへ行き、練習や試合を眺めているうちに、前園自身もサッカーにひきこまれていった。

少年団には4年生にならないと入れないルールがあったが、前園は2年生で入団を許可されている。「そんなにサッカーが好きなら、ちょっとドリブルをしてみい」と監督に言われ、無我夢中でボールを運んだ少年のプレーは周囲を驚かせるものだった。兄と一緒にボールを蹴っているうちに、スキルが磨かれていたのだった。

「当時から身体は大きいほうじゃなかったから、身体の大きい上級生にボールを取られない方法を、知らず知らずのうちに考えていたのかもしれない。まあ、味方にパスをつなぐか、自分で相手を抜くかって考えたら、自分で抜くほうが圧倒的に楽しかったというのはあるんだけどね」

BSやCSで世界各国のサッカーがライブで放映されている現在とは違い、前園が少年時代を過ごした1980年代は、コンテンツとしてのサッカーは魅力に乏しかった。

日本サッカーリーグ（ＪＳＬ）の平均観客動員数は５０００人前後で、リーグ戦のテレビ中継は優勝のかかった大一番などに限られていた。定期的に観ることのできるコンテンツといえば、テレビ東京が放映していた『ダイヤモンドサッカー』くらいだった。それも、関東広域圏を放送対象地域としていたため、前園が生まれ育った鹿児島県では放映されていなかった。

「テレビでサッカーを観る機会は、ホントに少なかったですね。ごくたまに、天皇杯をＮＨＫで観たりとか。日産自動車とか、日本鋼管とか。映像としてサッカーを観ることができるのは、行きつけのスポーツショップしかなかった」

そこで出会ったのが、ディエゴ・アルマンド・マラドーナだった。

「初めて観たのは、メキシコワールドカップの映像。他にもうまい選手はたくさんいたけど、『こいつ、ちょっと違うな』って。ドリブルしながらボールが足に吸い付いてるし、スピードが速いし、シュートもうまい。フェイントももちろん多彩なんだけど、スピードがあってゴールへ向かっていく直線的な印象があったね」

スポーツショップのテレビの前に、２時間でも3時間でも座っていた。飽きることはなかった。むしろ、身体が前のめりになるような興奮があった。

そのうちに、ビデオを貸してもらえるようになった。自宅へ持ち帰って再生し、翌日にはまた新しいものを借りるというサイクルを繰り返していた。

「小学生の頃は、ブラジルへ行ってプロになるつもりだったんです。サッカー選手になるのが夢だったんだけど、日本にはプロがない。じゃあ、海外でプロになるしかないと思って」

ブラジルに行くという発想は、子どもながらに実現性を探ったうえでの計画だった。親戚のひとりがブラジル北部のアマゾナス州に住んでおり、そこでお世話になりながらプロを目ざそうと考えていたのである。

「母親に『行かせて』って言ったら、『あんた、何言ってるの?』と、普通に流されて。こっちはいちおう真剣だったんですが、まあ、親の反応としてはそうなりますよね」

ブラジルでプロになるという夢はひとまず消滅するが、違う形でプロフェッショナルになる道が開けつつあった。1991―1992シーズンを最後にJSLが発展的に消滅し、プロリーグが開幕することになったのである。1992年の春に高校を卒業する前園には、申し分のないタイミングだった。

実際に前園は、プロのスカウトの眼に留まる活躍を見せていく。鹿実の略称で全国的に知られる鹿児島実業高校で1年時からレギュラーを獲得し、高校選手権には3年連続で出場した。2年時には準優勝を果たし、高校選抜に選出されている。同級生には藤山竜仁(FC東京)が、2学年下にはアトランタ五輪のチームメイトとなる遠藤と城がいた。

城の進学には前園も少しばかり関係している。もう20年近く前になる出来事を、城は懐かしそうに話した。

「どこの高校に行こうかと、悩んでたんです。そのときに、電話をもらったんですよ。最初は松澤先生と話していたんですが、『前園が代わりたいって言うから』って。で、ゾノが『ぜひキミと一緒にプレーしたい』と言ってくれて。鹿児島では超有名な選手でしたからね。その人に『一緒にやりたい』って言われたわけですから、それはホントに嬉しかったですよ」

チームメイトになると、嬉しさは頼もしさに変わった。

「足先がすごく器用な選手、っていうのが第一印象。ボールタッチが繊細で、足首が柔らかいなあと。下半身がすごく強いのに、足首は細いというかシャープというか。太ももとふくらはぎがグワっと太くてね。あだ名が『もも』でしたから。でも、足先はヒュッという感じ。低い重心からグッとドリブルで抜けていくキレは抜群でしたね。鹿実ってパワーとか強さがあって、ちょっと堅いイメージがあったんだけど、ゾノはまったく違う雰囲気を持ってましたからね」

当時の高校サッカーには、「マラドーナ」と呼ばれる選手が何人もいた。そのほとんどはサッカー専門誌や地元メディアが付けたもので、大げさなものも珍しくない。

前園は違った。「マラドーナ」との比較が許されるドリブラーだった。強くて、速くて、しなやかだった。

その才能に目をつけたのが、横浜フリューゲルスの加茂周監督だった。小学校時代は、日産自動車のパスサッカーに魅せられた前園である。その日産を率いていた加茂の誘いは、競合する他クラブのオファーを断る理由として十分だった。

南米という二文字が再び頭のなかに浮かぶのは、1993年1月のことである。

1992年春に横浜フリューゲルスへ入団した前園は、プロ入り1年目のシーズンをサテライトチームで過ごしていた。簡単に言えば二軍である。

高卒ルーキーだけにしかたのないところはあったはずだが、前園は悔しさを噛みしめていた。同い年の小倉は名古屋グランパスで鮮烈なプロデビューを飾っており、同期入団の高田昌明もフリューゲルスのレギュラーポジションをつかんでいたのである。高校時代に築き上げてきた自信は打ち砕かれ、「何で使ってもらえないんだろう、何が足りないんだろう」と自問自答する日々を過ごしていた。

そんなときに届いたのが、海外クラブへの留学だった。同い年の中田一三と前園が、チームスタッフに呼ばれた。

「受け入れ先はヨーロッパのクラブなんだけど、どうかな?」

中田はその場で「行きます」と返事をした。前園はしばらく考えてから、こう答えた。

「南米に、アルゼンチンに行きたいんですけど、それじゃダメですか?」

無理だと言われれば、ヨーロッパのクラブへ行くつもりだった。マラドーナを輩出したアルゼンチンへ行ってみたい気持ちは強かったが、聞くだけ聞いてみようといった程度の問いかけだった。

ところが、前園は予想外の答えを受け取る。

「分かった。じゃあ、アルゼンチンで探してみるよ」

1か月後、前園はアルゼンチンへ向けて旅立つ。

受け入れ先はヒムナシア・ラ・プラタというクラブだった。名前を聞いてもピンと来なかったが、とにかくアルゼンチンへ行けるわけだし、1部リーグのクラブだというから、「ありがとうございます」と感謝の気持ちを表した。

丸一日以上を費やして到着したブエノスアイレスのエセイサ空港は、春のような陽気だった。これから始まるアルゼンチンでの生活を明るく照らすような……日記でもつけていたら、そんなふうに書きたくなる気分だった。

「いやあ、衝撃はいっぱいあって。衝撃というか、驚きというか……」

空港の到着ロビーで案内役の人間と落ち合った前園は、そのままクラブへ向かった。ブエノスアイレスから、1時間半ぐらい車で走っただろうか。クラブの敷地内へ入り、さらに15分ほど走ると、ようやく車が止まった。宿泊施設のようだった。

滞在先はクラブの施設になると聞いていた。おそらくここなのだろう。いずれにしても、今日はそのまま休めるんだろうな、と勝手に考えていた。

ところが、最初に応対をした人間は、のんびりとした雰囲気にほど遠い。それどころか、「ちょうどいま、練習をやっているから、すぐに着替えろ」と言われた。

そこまで通訳をすると、案内役の人間は帰ってしまった。いきなり、ひとりきりになってしまった。

「向こうの選手たちにしてみたら、『何だ、このハポネス（日本人）は？』って感じですよね。向こうはシーズン中ですから。そこにいきなり、外国人がやってきたんですから」

歓迎ムードで迎えられるとは、前園も思っていなかった。言葉が喋れるならまだしも、スペイン語はほとんど分からない。自分からコミュニケーションをはかれないのだから、慣れるまでに時間が必要なのは覚悟していた。

だが、敵意に満ちた視線を浴びるのは想像していなかった。

「やっぱりというか、練習中にボールがまわってこない。ゲーム形式の練習で、オレにパスを出せばシュートを打てる場面でも。選手たちがこっちを見ながら話してたら、何を喋ってるのか分からないけど、自分のことなんじゃないかって気になったり、バカにされてるような気分にもなるし」

宿泊施設もまた、気が滅入る原因だった。建物の傷みは激しく、ベッドも壁も汚れていた。鹿実の合宿所のほうが、はるかにまともだった。しばらく経《た》ってから、ユースの選手用の合宿所だと聞かされた。

「施設って言っても、本当にぼろっちいところで。最初に入れられた部屋は6人部屋で、夜中に何かを感じてパッと目を開けたら、白い天井に蚊が何十匹と張り付いてるんですよ。うわあああって感じで……。最初は落ち込みましたね。1週間ぐらいでもう、ヨーロッパに行けば良かった、日本に帰りたいって思ってましたよ」

後ろ向きな思いを打ち消してくれたのは、やはりサッカーだった。

「何て言うのかな、『あ、コイツ、できるんだな』っていうのを分かってもらえると、少しずつボールがまわってくるようになったんですよ。そうすると、だんだん楽しくなってきて、選手たちとも打ち解けられるようになる。スペイン語も少しずつ覚えていって」

お前、給料はいくらなんだ?

手取りで45万円ぐらいかな。

前園の答えに、誰もが驚いた。

「トップチームのレギュラーでさえ、そんなにもらってないって言うんですよ。自分と同世代でトップチームで試合に出ているヤツが、昼間はアルバイトをして夕方から練習に来たりとか。それはやっぱり、衝撃でした。高卒1年目でトップの試合に出てもいない自分がそれだけもらって、この違いは何なんだろうって」

日本のような整備されたグラウンドではなかった。クラブハウスもない。着替えはいつも、グラウンドの脇だった。それでも、文句を言う選手はいなかった。

「日本でサッカーをやっている自分が、どれぐらい恵まれた環境にいるのかが、よく分かりました。で、気づいたんです。『だから、こいつらはうまくなるんだな』って。練習中から必死ですから。目の色を変えてやる。削り合うぐらいに。しかも、ボロッちい部屋に押し込められてるわけでしょう。それはハングリーになるな、と」

国内リーグやカップ戦で一度も優勝したことのないヒムナシア・ラ・プラタは、才能のある若手を育てて売る『育成型』のクラブである。当時のチームには、のちにボカ・ジュニオルスが獲得に乗り出すバロスケロット兄弟がいた。野心的な瞳を持つ男たちとのマッチアップから、前園は技術的にも刺激を受けることになる。

「自分の間合いに入ったら相手を抜けるんだなっていう自信は、少しずつ持てていた。ただ、フィジカル的にはホントに強いな、というのも感じてた。僕と同じような体型でも、彼らのほうが強い。腰回りがズッシリしてるというか。もちろんプレッシャーは速いし、あたりも激しいから、そこで僕は初めて、判断を速くしなきゃいけない、自分の感覚だけでやってちゃダメなんだ、上のレベルでは通用しないんだ、というのを感じたんだ」

技術的に気づかされることはもうひとつあった。

「身体の使い方が、すごくうまいんですよ。身体を寄せてきた相手を、背負いながらドリブルするうまさがあったし、相手が寄せてきたときにボールを置く位置に間違いがない。細かいことを言えば、ドリブルをしているときの手の使い方とか。相手をうまく押さえるから、スピードのないヤツでも取られないんですよ」

1週間で「帰りたい」と思った環境に、前園はすっかりなじんでいた。チームメイトに路線バスの乗り方を教えてもらい、ブエノスアイレスまでひとりで出かけたこともあった。バス停もないところで車を止め、デコボコとした道に揺られているだけで、何とも言えない充実感を味わうことができた。

「ずっとここにいたいと思って、『残らせてほしい』ってチームに電話をしたんですよ。でも、『2か月の約束だから、最初から決まっているから帰ってこい』って。高校選抜の遠征でヨーロッパに行ったことはあったけど、海外へ出て行ったのはアルゼンチンが初めてみたいなものだったから、ホントに楽しかったですね。『これがサッカーなんだ』っていうものを感じ取ることができたから」

2か月というリミットは、Jリーグ開幕から逆算して設定されたものだった。

5月15日の開幕からおよそ3週間後の6月5日、前園はヴェルディ川崎戦でJリーグデビューを果たす。延長後半4分からという短い出場時間だったが、入団2年目で記したプロとしての第一歩に気持ちは躍った。エドゥーと反町康治が先発の攻撃的ミッドフィルダーで、桂秀樹が最初の交代カードという加茂監督の采配に、前園は貴重なカードとして加わっていくことになる。

「自分では普通にやってたんですけど、『アルゼンチンに行って変わった』という感じで、すぐにトップチームに入って試合にも出るようになっていった。いま振り返ってみると、練習に対する意識というのは変わっていたかもしれない。あっちの選手って、ふざけるときはメチャクチャやるんだけど、やらなきゃいけないときはパッと集中するんですよ。ボール回しでも、ふざけてやってるんだけど、トラップの位置とか判断の速さとか、そういうことは考えながらやってる。相手の裏を取るとか、逆を突くとか、アイディアを出してくるんですよ。自分もそういうことを考えていたかもしれないけど、戻ってきてからは練習がすごく楽しくなった」

トップチームに加われないストレスを練習後のオフ・ザ・ピッチで発散し、結果的に練習に身が入らなかった1年目の姿は、見事なまでに消え失《う》せていた。リーグ戦では24試合に出場して2ゴールを記録し、シーズンを締めくくる天皇杯では決勝戦のスタメンにも名を連ねた。フリューゲルスは優勝を飾り、前園はメインスタンドでチームメイトと満員の歓声に応える名誉を授かった。

「アルゼンチンにいたのはたった2か月だったけど、色々な収穫があって、自分のなかでは自信を持って帰ってくることができた。1年目はサテライトで、トップチームの試合にはまったく出られなかったけど、『このまま向こうにいたときと同じようにやっていけば、絶対にレギュラーを取れる』という思いがあった。行く前はやっぱり、少し自信も失っていたところがあって、そういう気持ちの面はプレーにも出るじゃないですか。帰ってきてからはまずそこが全然違ったし、自分の特徴、ドリブルとかを自信を持って出していけた。また、出すことによってそのプレーが自分のものになっていく、と。とにかくね、練習がすごく楽しかったたし」

1994年になると、アトランタ五輪を目ざす21歳以下のチームが立ち上げられる。フリューゲルスで頭角を表していた前園は、西野監督の興味をひく存在のひとりとなった。

「こんなことを言ったら松澤先生に怒られますけど、僕、鹿実のサッカーにずっとコンプレックスがあったんですよ。選手権とかインターハイとか、春休みのフェスティバルに行ったりすると、四中工とか帝京とかと対戦するじゃないですか。で、相手はつなぐサッカーをするんだけど、自分たちは蹴って、走って、フィジカルっていう感じで、モダンじゃないなあって。ましてや、そういうチームにはオグみたいな選手がいて。同世代の選手たちと早く一緒にやってみたい気持ちがあったから、最初に五輪代表に呼ばれたときはすごく嬉しかったですね。ああ、アイツらと同じチームでできるって」

小倉を筆頭とした同世代のプレーヤーと実際に話をしてみると、コンプレックスやジェラシーはすぐに吹き飛んだ。鹿実のドリブラーだった自分を、彼らは意外なほど評価してくれていた。

松原は言う。

「身体は決して大きくないけど、強い。狡賢《ずるがしこ》さもある。どこでそれを感じたかと言うと、五輪代表で練習とか紅白戦をするなかで、ゾノがキープしているときにボールを奪いに行ったら、僕の顔に手がきたんですよ。その瞬間に、『あ、こいつ持ってるな』と。僕もウルグアイへ行ってたので、南米の選手の狡賢さは分かるんですね。彼ら、反則にならない範囲内で、手をうまく使ってボールをキープしたり、相手をブロックする。そういうことを、ゾノは自然にやっていましたから」

アルゼンチン留学で取り戻した自信とともに、このチームで頑張っていきたいと思えた。マラドーナが生まれ育った国で覚醒した才能は、そのままアトランタ五輪まで突っ走ることになる。

第4章

スペイン移籍消滅、ヴェルディ入団

アトランタ五輪から戻ると、前園は一躍「時の人」となっていた。

成田空港の到着ロビーには、アジア最終予選から帰国したときを上回るファンが詰めかけていた。彼らと彼女たちがシャッターチャンスを狙うのは、精悍さを印象付ける不精ヒゲをたくわえたキャプテンだった。

グラウンドや練習場の周りで騒がれるのは、前園もしかたのないことだと割り切っていた。サインを求められればできる限りペンを走らせ、写真撮影にも笑顔で応じてきた。

しかし、アトランタから帰国してみると、彼の周りには気軽にさばける範囲を明らかに越える人間が殺到するようになっていた。

練習を終えてテレビや雑誌の取材をこなし、駐車場で新聞記者の囲み取材に答える。同じような質問が繰り返され、そのたびに同じような答えをする。げんなりするような時間を何とかして乗り切り、ようやく帰宅できると思ったら、ファンが行列を作っている。一日や二日なら我慢もできるが、連日となると苦痛を感じてしまう。

「とにかく、すべてが変わってた。ブラジルに勝ったから、マイアミの奇跡を起こしたからってことなんでしょうけど」

好奇の視線は、プライベートにも及んでいた。

コンビニエンスストアへ行けば、「あ、マエゾノだよ」という囁きが聞こえる。買い物カゴに何かを放り込むと、「へぇ、あんなもの買うんだ」と言われる。数か月前まで気軽に買うことのできたものに、普通なら躊躇《ちゅうちょ》なく買えるものに、手を伸ばすことができない。自宅の近所を歩くことさえ、できるだけ控えるようになった。

「だから、試合が終わってみんなでメシを食べるときとかも、なるべく人目につきそうにないお店を選んだりするようになった。あとはもう、家にいることが多くなった。あまり出歩かなくなったんだ。そのほうが楽だったから」

そうは言っても、ときには息抜きもしたくなる。久しぶりの外出ともなれば、時間を気にせずに話し込んだりする。帰宅が深夜になったりもする。

暗闇で息を潜めるマスコミに、格好のネタを提供することになってしまった。

「家にいることのほうが圧倒的に多いのに、『あそこに出没していた』って書かれたり。初めて行ったお店なのに、毎週のように通ってるとか。以前よりも明らかに外へ出かける回数は減っていたのに、頻繁に出歩いているような書かれ方をされるのは困った。で、必ずと言っていいほど調子に乗っているみたいなオチになっているから」

何をやっても、どこへ行っても、自分ではない自分がひとり歩きをしてしまう。マスコミによって作られた『前園真聖』が、自分の知らないところで立体的なイメージを帯びていく。自分のなかの大切なものが、削り取られていくような気分にもなった。

最初のうちは、すべてを否定したかった。

そうじゃない、それは違うよ、と説明したかった。

だが、彼にはサッカーがあった。ヨーロッパのクラブへ移籍する、という明確な目標があった。スポーツ紙や週刊誌に事実とかけ離れたことを書かれても、「移籍するまでの辛抱だ」と自分に言い聞かせることができた。「1996年の残りのシーズンをしっかりプレーして、そのうえでスペインへ行くんだ」という思いが、アトランタから帰国した前園を支えていた。

胸に秘めた思いは、ピッチでしっかりと表現されていた。

8月25日に行なわれたフル代表のウルグアイ戦で、前園は加茂周監督から先発のひとりに指名される。三浦知良（ヴェルディ川崎）と高木琢也（サンフレッチェ広島）のツートップを後方からサポートし、自らもゴールを狙っていく役割だ。15分には直接フリーキックから代表初ゴールをマークし、26分には加茂監督が「理想的な得点」と振り返ったカズのゴールのきっかけを作り出した。

1―0で勝利した10月13日のチュニジア戦では、前半17分に決勝ゴールを叩き出した。所属クラブが同じ山口素弘とのパス交換から抜け出し、ゴールキーパーをかわして右足で流し込む。鮮やかなステップワークは、前園らしさを存分にアピールするものだった。

「ゴールは理想的な形。ただし、点を取れる形はもっとあった。そういうのをしっかり決めないと、アジアカップやワールドカップの予選では響く。コンビネーションはまだまだ。タイミングのズレがある。でも、ウルグアイ戦、ウズベキスタン戦、今日とやってきて、3試合のわりにはフィットしている感じもする」

試合後の囲み取材で、前園はこんな話をしている。代表復帰3試合目にして、すでに中心選手としての自覚をうかがわせるようなコメントである。

その一方で、海外移籍は少しずつ現実的になりつつあった。

アトランタ五輪前の6月下旬、セビージャのロセンド・カベサス氏が三ツ沢球技場を訪れている。リーガ・エスパニョーラの古豪を統括するテクニカルディレクター兼ゼネラルマネジャーは、前園のプレーをチェックするために来日したのだった。

試合後にはフリューゲルスのオタシリオ監督とともに、カベサス氏の記者会見が行なわれた。この日の朝刊で、一部スポーツ紙が「前園、セビージャへ」という記事を一面に掲載したため、取材が殺到していたからだった。

「私の来日の目的は日本人選手を確かめることで、そのなかには前園選手も含まれます。ただし、具体的な話はまだしていません。これまで接触したことはありませんし、今回も接触する予定はありません。今日は、私が以前から知っている日本の選手について、どのようにプレーをしているのか、どういう状態なのかを見たかったということです。前園選手は技術的に非常にグレードの高い選手ですが、もう少し積極的にゲームに参加しなければいけないと思います。ただし、そういう欠点はすぐに直せるもので、経験を積めば問題ないと思います。直すことができるものだと思います」

前園に的を絞っていると明言しなかったものの、すでにこのとき、カベサスGMはフリューゲルスに獲得の打診をしている。前園自身がセビージャからのオファーを知るのはもう少し先のことになるが、いずれにしても、ひとまず彼は目の前のプレーに集中していた。移籍の話はオフになってから、と決めていた。

「漠然と憧れていたのは、スペインとポルトガル。ポルトガルはFCポルトがトヨタカップで来日したでしょう？　スペインはね、高校のときに憧れていたパスをつないで崩していくサッカーというイメージがあったから。ああいう国でやってみたいなあと思っていたら、たまたまセビージャから話が来た。どこに行きたいなんて選べる立場じゃないし、こんなチャンスは滅多にないから、よし、このタイミングで何とかして行きたいと思うようになったんだ」

前園が動き出したのは、UAEで行なわれるアジアカップが迫った11月下旬だった。フリューゲルスとの第一回契約交渉に、代理人を伴うことを明らかにしたのである。

所属事務所を通じて、マスコミ各社にも文書を送付した。代理人を引き受けてくれた弁護士、それに所属事務所のスタッフとともに練り上げた文面は以下のとおりである。

今回の契約更改の交渉は、Ｊリーグ規約にのっとり代理人の方にお願いすることにいたしました。これは、私がこれから悔いのないサッカー人生を送るため、そしてファンの皆様に最高のプレーをお見せするためにも、避けて通ることのできない大切なお話をするためです。

生意気にうつるかもしれませんが、今回の交渉が私個人のためだけでなく他の多くの選手や、ひいてはサッカー界全体の発展につながるものになればと願っています。

１９９６年11月19日

前園真聖

前園に先立つこと2年前、プロ野球の近鉄バファローズに所属していた野茂英雄が、複数年契約と代理人交渉を希望して物議を醸した。近鉄はいずれの要求もはねつけ、野茂は近鉄を退団してメジャーリーグへ移籍することになるが、その過程で野茂にはダーティーなイメージが植えつけられた。わがまま、調子に乗っている、生意気、といったものである。

代理人による契約交渉は、21世紀のいまなら多くの選手が行使する当然の権利と言っていい。20歳そこそこの選手が、将来の海外移籍を見越して代理人と契約を結ぶことも珍しくない。しかし、当時のサッカー界では先例がなかったこともあり、前園もまた世間から眉をひそめられてしまうことになる。

「契約更改というものに対して、『これでいいのかなあ』という思いがあったんですよ。フロントの人と向き合って、『今年はこうだから、金額はこうだ』と言われる。プロになって1年目は、『そうですか、分かりました』という感じだった。でも、そのうちに『何かおかしいなあ』と。相手のほうが年齢は上で、交渉の経験もある。言葉は悪いけど、最終的には言いくるめられてしまうわけですよ。で、日本にはまだエージェントという立場の人がいなかったし、弁護士だったら同席してもOKということだったので、じゃあ、思い切ってお願いしてみようと」

１９９６年シーズンの前園は、リーグ戦とカップを合わせて37試合に出場し、15ゴールを叩き出していた。10月に行なわれた日本選手選抜と外国籍選手選抜による『ＪＯＭＯ　ＣＵＰ』では、日本人選手トップのファン投票を集めていた。実力と人気を兼ね備えた23歳を、フリューゲルスがやすやすと手離すはずはない。

代理人から伝えられる契約更改の内容は、自分たちの思惑どおりに進んでいないようだった。それでも、心の片隅で楽観視しているところがあった。フロントを信頼していた、と言ってもいい。

「快くとはいかないまでも、チームも最終的には協力して、送り出してくれるだろうなっていう気持ちはあったんですよ。でも、どうやらそうじゃなかったんだ」

何回目かの交渉の席で、クラブはついに移籍を容認することを明らかにした。だが、前園たちが予想しなかった条件を付けてきた。

移籍は認めるが、その場合にはセビージャに満額の移籍金を要求する──。

Jリーグが定めた移籍係数から算出される金額は、3億5000万円となる。

前園のなかで、チームへの信頼が崩れた。困惑と憤懣《ふんまん》が胸に宿った。

「日本人に3億とか4億なんて、あの当時じゃ絶対に払うわけがない。だから、そこはちょっと交渉してほしいと話していたんですよ。でも、譲らないという。これはもう無理だな、と思いました」

様々な方面から情報を集めると、チームへの不信感はさらに募った。

セビージャ以外の複数のクラブからも、獲得のオファーが届いていたことを知った。プレミアシップのクラブからも、獲得の可能性を探るレターがあった。

クラブからは、何ひとつ知らされていなかった。

「セビージャのGMがナビスコカップを観にきたときだって、『前園を観にきたとは言わないでくれ』って、クラブはGMに念押しをしてたんですよ。僕自身も何もコメントするなと言われたから、曖昧な感じで答えたし。その後も、交渉については何も言わなかったし」

前園自身は誠実に対応していたつもりだった。代理人を立てることにしても、ルールの範囲内である。わがままを押しつけているわけではない。

だが、マスコミの受け止め方は違った。前園が沈黙を貫くと、「都合の悪いことは喋らない」と叩かれた。肖像権の自己管理を契約に含めていることが報道され、「思い上がりもはなはだしい」と責められる。「結局は年俸を上げたいからごねている」とか「五輪で活躍して天狗になっている」といった批判を浴びることになった。

シーズン中のヨーロッパへ移籍するなら、一日でも早いほうがいい。前園が結論を引き延ばす理由など見当たらないのだが、フリューゲルス＝被害者といったスタンスを出発点とする報道は、すでにブレーキがきかなくなっていた。「生意気に見えるかもしれませんが」という代理人交渉は、最悪のシナリオへ向かって動き出していた。

「新聞に何を書かれても、気にしないようにしてました。とにかく僕は、海外でプレーする自分をイメージしていた。それ以外は考えなかった。フリューゲルスに残ることはないと思ってたし、ましてやJリーグの他のチームへ行くこともまったく考えてなかった」

セビージャへの移籍を諦め、2度目の機会を探るという選択肢もあっただろう。

1997年になれば、フランスワールドカップ予選がスタートする。12月のアジアカップでレギュラーとしてプレーした前園なら、予選でアピールすることも可能だった。

なぜ彼は、このタイミングでの移籍にこだわったのか。

アトランタ五輪がきっかけになったのは間違いない。ブラジルとナイジェリアから受けたインパクトは強烈だったが、心に深く刻まれたのは意外にもハンガリーだった。

「ブラジルやナイジェリアみたいに、名前の知られている選手はいなかった。申し訳ないけど、スタメンの選手でさえ誰も知らなかった。でも、ハンガリーの選手もうまかったんです。サッカーをよく知ってる。僕らと同じ年代で、国外でやってる選手もいたし」

アトランタでの3試合を経験して、前園の身体には「世界基準」とでも言うべき感覚が染みついていた。「こうなったら抜ける」というフィーリングに磨きをかけ、「こうなったら止められてしまう」という現状を改善していくためには、「世界基準」の鮮度を保つ必要がある。継続的な刺激が欠かせない。１９９６年のオフにスペインへの移籍を熱望したのは、身体のなかに染みついた感覚を錆《さ》びつかせたくなかったからだった。

「海外でやってみたいという以前からの欲求が、五輪を終えて確信的に膨らんでいった。世界のレベルを肌で感じて、こういう場所でやらないと伸びないんだと。もっとうまくならなきゃいけないし、そのためには早く行かなきゃいけないっていう気持ちが、どんどん大きくなっていった。Ｊリーグじゃうまくならないというわけじゃないけど、実際に戦ってみて、スピードだったり技術だったりというのは、日頃からレベルの高いところで練習していれば絶対に磨かれていくっていう確信を得ることができたんだ」

しかし、前園と代理人がセビージャに辿り着くことはなかった。フリューゲルスは満額の移籍金にこだわり、最後まで歩み寄りを見せないまま交渉は物別れに終わってしまう。長かったオリンピックイヤーが終わり、1月恒例の自主トレが始まっても、前園は袋小路に迷い込んだままだった。


新たな移籍先として浮上したのは、ヴェルディ川崎だった。

1993年から3年連続でチャンピオンシップに出場していたヴェルディは、1シーズン制となった1996年は過去最低の7位に沈んでいた。OBの加藤久を監督に迎えた1997年は、名門再建へのリスタートと位置づけられたシーズンだった。

加藤と前園は旧知の関係である。アトランタ五輪代表がアジア最終予選を戦った1996年3月、日本サッカー協会の強化委員長として最前線でチームをサポートしたのが加藤だった。サウジアラビアを下した試合後には、ガッチリと握手を交わす二人の姿がカメラマンによって切り取られている。多くのサッカー関係者と同じように、前園も加藤を『久《きゅう》さん』と呼んでいた。

1月12日に行なわれた加藤監督の就任記者会見では、コーチングスタッフとして岸野靖之、松永英機の就任が発表された。松永もまたアトランタ五輪の強化スタッフであり、前園にとっては気心の知れた指導者と言うことができた。

質疑応答では前園に関する質問も聞かれた。ヴェルディへの移籍は新聞紙上を賑《にぎ》わせていたものの、交渉は具体的な進展を見せていなかった。

森下源基社長が答える。

「移籍の仕組み、移籍金の規定があるわけですが、移籍リストに乗れば、本人が自由に交渉できることになる。ヴェルディに（移籍したい）と言えば、話を聞くのはJリーグを司る者として当然だと思っている」

6日後の18日には、前園が胸中を明かした。代理人が事務所を構える東京都内のビルのロビーが、即席の記者会見場となった。

「フリューゲルスとヴェルディの2チームからいい話をいただいて、ヴェルディさんでやっていきたいと決めました。これからまた、色々な問題があるでしょうが、なるべく早くいい形で結果が出ればいいと思う」

前園がひと息つくと、すぐに質問が飛ぶ。ヴェルディに決めた理由は？

「これからサッカーをやっていくうえで、自分の夢を実現できるチームだと思う。いままでやってきたことは、後悔していない。久さん？　電話で話しました。『また一緒にやろう』と言ってくれました」

同じ日には、ヴェルディとフリューゲルスが交渉を始めたことも明らかになる。

「（移籍金という）ハードルが高くて、越えられない場合もゼロではない。私個人としては、あれだけの素材。日本のサッカー界に不可欠な存在なので、何としても円満な形で解決したいとお願いをした。具体的な提示はさせていただいた。数字は前例、尺度がないので難しいが」

ヴェルディの河野慎二副社長が歩み寄りを強調すると、フリューゲルスの交渉担当者も一定の理解を示した。交渉の進展を予感させる雰囲気が読み取れた。

「ゾノのサッカー界における位置づけや将来性を考えて、あくまで私見だが、交渉が長期化していいものか。できれば時間をかけずにやっていきたい」

数日後、両者は再び記者に囲まれる。一転して表情は険しくなっていた。

河野副社長は慎重に切り出した。

「結論から言うと平行線。フリューゲルスが上限もしくは上限に近い移籍金を要求するのであれば、この問題から手を引かざるを得ないと申し上げた。加藤監督には、前園選手を獲得したいという意思もあるが、上限となるとハードルを越えることはできないとは説明してある。規約を守るのは当然だが、Jリーグの置かれた環境は厳しい。入場料収入は減っているし、クラブの台所事情は苦しい。前園という選手を生かすという見地から、一歩なり半歩踏み出してほしいとご説明した」

フリューゲルスの交渉担当者は、感情を抑えた口調で話した。

「当チームの移籍金に対する基本的な考え方をお伝えした。チームの主力であり、代表選手であることも考えると、Jリーグの規定にある上限を要求してもおかしくないだろう、というのが当チームの考え方です。こちらとしては、満額に近い数字でなければ歩み寄ることはできない」

こうした交渉の過程は、前園にも報告されていた。だからといって、交渉に加われるはずもない。彼はただ、結論が出るのを待つしかなかった。1月27日にはヴェルディが新入団選手の発表記者会見を開いているが、前園の姿はなかった。

「本日、彼がヴェルディのクラブハウスに来て、ユニホーム撮影を行ないました。最終的な統一契約書にはまだサインをしていませんが、今日初めてクラブハウスに来て、チームの一員としての心構えが生まれたのではないかと思う。ご存知のように、彼は将来的に海外でのプレーを夢見ている。1年でも早く夢が達成されるように期待している。フリューゲルスの前園のイメージを捨てて、明日以降はグリーンの前園に染まってもらいたい。大いに活躍をしてもらいたい」

1月31日、前園はよみうりランドに隣接するホテルの宴会場を訪れていた。記者と向かい合うテーブルの隣では、森下社長が満足そうな笑みを浮かべている。移籍金を巡って平行線を辿っていたフリューゲルスとヴェルディの交渉は、フリューゲルスが大幅な減額を受け入れたことでどうにかまとまったのだった。

社長の挨拶に続いて、前園がマイクを引き寄せた。

「まずは、ホントにたくさんの関係者の方々、ファンの皆さんにご迷惑をおかけしたことをお詫びしたいです。今日やっと、自分としてのスタートが切れたことを嬉しく思います」

会見は質疑応答へ移る。監督とは話したのか？　決まったときの心境は？　ヴェルディの印象は？　前園は表情を変えずに答えていく。

「久さんにはおめでとう、と言ってもらいました。これから一緒に頑張っていこう、と。いまは正直、ほっとしてます。この2か月間、自分なりに苦しんだし、たくさんの人にご迷惑をかけてしまった。ホントにほっとした、というところです。ヴェルディには強いというイメージしかない。少なくともそのときに勝るようなプレーをしたい。優勝するようなプレーをしたい」

ほっとした、というのは正直な告白だろう。

記者会見の行なわれた1月31日は、移籍交渉の最終期限日である。この日までに契約がまとまらなければ、一時的とはいえ所属先がなくなってしまう。「浪人も覚悟した」という苦悩の日々からの解放は、やはり格別なものがあった。

しかし、「優勝するようなプレーをしたい」という抱負は、なかば強引に絞り出したものだった。そもそも「優勝するようなプレー」という表現が具体性に欠けている。本来なら「優勝に貢献するようなプレー」とでも言うべきだっただろう。

「最初から国内移籍が希望で、ヴェルディに絶対に行きたい、というところからスタートした移籍ではなかった。もちろん、カズさんをはじめとして代表選手がたくさんいて、すごく強い、いいチームだという印象は持っていた。でも、移籍を熱望したわけではなかったから……。他の選手にしても、ウェルカムではなかったでしょう。海外に行けなかったから来たんだろう、みたいな感じだったとしても、文句は言えない立場だったし」

たとえるなら、彼は抜群の運動神経を持った転校生だった。同じように運動神経に優れた生徒が何人もいて、リーダー争いの絶えないクラスにやってきた、招かれざる者だった。

アトランタ五輪代表のヒーローに、転落のときが迫っていた。


日本代表に選ばれるような選手の国内移籍は、いまならさほど珍しくはないだろう。

「さらにレベルアップできる環境を求めて」とか、「厳しい競争のなかに身を置きたい」といった理由も、ごく当たり前のものとして受け止められている。所属元のクラブと移籍先のクラブで高額の移籍金が動くことについても、少しずつ抵抗感が取り除かれている雰囲気がある。アジアのタイトルを目ざす、リーグ優勝を狙う、Ｊ１残留を目標とするといった具合に、それぞれのクラブが独自の目標を立てるようになった結果、目標達成にふさわしい選手の移動が認知されてきたのだろう。

前園がヴェルディへ移籍した1997年当時の日本サッカー界は、まだそこまで成熟していなかった。スタメンに定着できない選手が出場機会を求め、戦力の速やかな補充を求めるクラブが手を差し伸べる期限付き移籍ならともかく、前園のような日本代表クラスが新天地を求めるのは異例のケースだった。ヨーロッパ市場から伝わってくる何十億円クラスの大型移籍に胸をときめかせても、国内市場の「移籍」にはそこはかとない嫌悪感がつきまとっていたのである。1996年シーズン途中にラモス瑠偉がヴェルディから京都サンガへ移籍しているが、監督だったエメルソン・レオンとの確執が表面化していたこともあり、大きな批判にさらされることはなかった。

ただでさえ前園には、否定的な視線が強かった。テレビのコマーシャルに出演したり、スポーツ以外のメディアに積極的に登場するオフ・ザ・ピッチでの活動は、「芸能人気取り」と揶揄されていた。彼自身がそうした活動にどれほど積極的に取り組んでいたのかはともかく、サッカー選手でありながらサッカーを忘れている、と苦い表情を浮かべる関係者やファンは少なくなかっただろう。

サッカー界では史上初の代理人交渉を行ない、3億5000円の移籍金が動いたとされるヴェルディ入りは、そうした批判的な空気をさらに加速させることにつながっていた。実際の移籍金は大幅に減額されたが、マスコミが主語としてとらえるのは「巨額の移籍金でチームを動いた男」であり、「移籍金が減った」という事実は、彼らにとってさほど重要ではなかった。

Jリーグ開幕前の3月上旬、前園はフランスワールドカップアジア1次予選オマーンラウンドを戦う日本代表に招集される。2月上旬のキングスカップに続く代表入りだった。

3月8日に成田空港に集合したチームはシンガポールで合宿を行ない、14日にタイ代表とのテストマッチに臨む。1次予選前の仕上がりを確認する機会だ。

4―4―2のフォーメーションが敷かれたチームで、前園は攻撃的ミッドフィルダーとして先発出場した。前年のアジアカップと同じ役割である。

GKには2月のキングスカップで代表デビューを果たした川口能活が起用され、カズのパートナーには城彰二が指名されていた。アトランタ五輪代表で中核を担った3人のデビューにより、加茂監督の構想はひとまず固まったと思われた。

しかし、シンガポール合宿の疲労感を引きずった日本は、1―3で敗れてしまう。1984年のロサンゼルス五輪予選を最後に、タイにはおよそ13年間負け知らずだった。2年前のアトランタ五輪予選では、5―0で勝っている相手でもある。「後半途中からサッカーにならなかった。チームがバラバラになってしまった。どうにもならんような負け方をすることもあるが……」と、試合後の加茂監督は渋い表情を浮かべた。

およそ1週間後の3月23日、加茂監督はひとつの決断をする。4人で構成する中盤の見直しだった。それまでボランチだった名波浩（ジュビロ磐田）がポジションをひとつ前へ上げ、森島寛晃（セレッソ大阪）とともに攻撃的な役割を担っていくのである。名波の定位置だったダブルボランチの一角には、ディフェンス能力の高い本田泰人（鹿島アントラーズ）が起用された。

スタメンから弾かれたのは、前園だった。

「オリンピックからひとつレベルが上がって、フル代表で戦っていくことでもレベルアップできるはずだ、という理屈は分かってたんです。でも、気持ちは完全にスペインへ向いていたから、そこでもう一度、すぐにリセットすることはできなかった。気持ちを切り替えて、というのは周りの人にも言われたし、自分でももちろんそうしようと思っていたんだけど、どこかで吹っ切れていないところがあったのは確かです」

狂い始めた歯車は、前園をさらに追い詰めていく。

オマーンから帰国した前園は、Jリーグのシーズン開幕1週間前に開催されるゼロックススーパーカップに出場した。前年のリーグチャンピオンの鹿島アントラーズと、天皇杯を制したヴェルディが国立競技場で顔を合わせた。

前園はスタメンで出場し、ヴェルディは2−3で敗れた。アントラーズの攻撃を牽引したのは、昨シーズンまでヴェルディに所属していたビスマルクだった。かつて背番号7を付けていたビスマルクと、固定番号制となった1997年シーズンからヴェルディの「7」を背負う前園の対決とも言われていた試合で、いきなり躓いてしまったのである。

「僕自身も決定的な1対1の場面で、シュートを外してるんですよ。あれが入っていれば違っただろうし、僕が決められなくてもチームが勝っていれば、違うシーズンになったんじゃないかと思う。勝っていればたぶん、いい形でリーグ戦に入っていけたはずだから」

試合後に抱いた予感は、はからずも的中してしまう。

開幕戦でジェフ市原に0−2で敗れ、3節の横浜マリノス戦はPK戦で、4節の清水エスパルス戦は延長戦で勝ち点を落としてしまう。ヴェルディは開幕から不振を極め、ファーストステージ途中で指揮官の加藤がチームを去った。開幕からスタメンで使われていた前園は、後半途中から起用されることが増えていた。

日本初の本格的なクラブチームを生い立ちに持つヴェルディは、独特のチームカラーを持つことで知られている。

日本サッカーがアマチュアだったJSL当時から企業スポーツと一線を画し、トップチームを頂点としたピラミッドのもとで繰り広げられる生存競争は、チーム内に高いプロ意識をもたらした。紅白戦でも遠慮のないぶつかり合いが繰り広げられ、練習中の口論や喧嘩なども珍しくなかった。

選手同士の衝突にとどまらず、監督を巻き込んでの騒動も少なくない。Jリーグで初めて「内紛」という言葉が使われたのはこのチームである。これはもう、ヴェルディではなく「ヨミウリ」の体質と言ったほうがいいかもしれない。

和気あいあいとしたファミリー的な結束を好む日本人の一般的感覚からすると、「グラウンドで結果を残せばいい」というチームカラーは、やはりなじみにくいところがある。「プロならそれぐらいでなければ」と頭で理解していても、チーム内のいざこざや軋轢《あつれき》はできるだけ避けたいのが素直な感情というものだ。

前園が加入する1996年までは、それでもチームは機能していた。クラブハウスのショーケースに新しいトロフィーや楯が加わることで、チーム内のつながりが保たれているところがあった。毎週末のリーグ戦で勝ち取る勝利が、綻《ほころ》びを縫い合わせる効果を持っていたのである。

1997年は違った。ブラジル人のエスピノーザに監督が代わっても、チーム状態は変わらなかった。スタートダッシュに失敗したヴェルディはその後も黒星を重ね、わずか4勝にとどまったファーストステージは17チーム中16位に終わった。

不振は不満を呼び、不満は原因を探す。

行き着く先に自分がいることを、前園は自覚していた。

「お前のせいじゃないから」とか、「次頑張ろうぜ、次」と声をかけてくれるチームメイトが、自分の知らないところで「アイツが来たせいでチームがおかしくなった」と陰口を叩いていると聞かされる。では、「そういうことを言うヤツもいるけど、気にするなよ」と助言してくるチームメイトは、自分のことを悪く思っていないのか――。

面と向かって「お前のせいだ」と言われたことはないから、思い過ごしなのかもしれない。自分を責めているとしても、ちょっとした軽口なのかもしれない。それでも、いつもどこかで、誰かに責められているような気がしてならなかった。

「周りとの距離があるというのは、ずっと感じてました。行きたいと言って飛び込んだチームじゃないですからね。それはしかたのないことです。その状況を改善するには、自分のプレーを見せて結果を出していかなきゃいけない。僕がやることをやっていれば、そういう空気っていうのは排除できるはずなんです。ただ、プレーで周囲を納得させることができていなかったし……そんなに僕ね、精神的に強くないんですよ。変に何か、周りに気を遣ったり、気にしちゃったりする。派閥とかグループとか、そういう人間関係に弱いんですよ」

自己主張に溢れたプレースタイルとは対照的に、グラウンドを離れた彼はデリケートな人間である。前園を兄貴分と慕う中田は言う。

「野暮っぽく見えるところもあるけど、いろんなことに気を遣えるし、すごく繊細だし。だからちょっとね、たまに、どう考えているのか分からなくなるような対応をするところがあるかもしれないけど、それは逆に繊細だからこその対応だったりするから」

しかも、当時の前園は心に痛みを負っていた。

「フリューゲルスの一件があって、人間不信になっていたのは確かです。高校を卒業してフリューゲルスに入って、ずっと育ててもらったという気持ちがあった。感謝の気持ちはホントにあって。チームの立場を理解できなかった自分がいたわけだけど、でも、こっちの立場になってくれてもいいんじゃないかなあとも思っていて。そこで、セビージャ以外のクラブからのオファーを隠していたりとか、そういうことがあったから、人に対してすごく壁を作るようになったというのはあったかもしれない。それは、チームのなかでもそうだし、マスコミに対してもそうだったし」

所属クラブでのパフォーマンス低下は、必然的に代表にも影響を及ぼす。5月に韓国を迎えたテストマッチのメンバーから外れてしまうのである。

記者会見で落選の理由を聞かれた加茂監督は、固い表情のまままこう答えている。

「前園はヴェルディで先発から外れている。まずは本来の調子を取り戻すことを考えてもらいたい」

代わって代表入りを果たしたのが、ベルマーレ平塚で司令塔として活躍する中田だった。

韓国でいきなり先発出場した中田は、前園が着けていた背番号8を背負って躍動した。6月のキリンカップとフランスワールドカップアジア1次予選日本ラウンドでも、20歳の中田を軸として中盤が構成されていく。

前園の名前が、表舞台から消えつつあった。

個性の強いキャラクターが揃ったヴェルディで神経を磨り減らし、しかもチームは予想外の低迷に陥っていた――移籍直後の前園の不振は、新しいチームとのミスマッチが大きな原因となっていた。

3か月が過ぎ、半年が経過しても、復活の叫びは聞こえてこなかった。

ケガをしているわけではない。病気を患っているわけでもない。コンディションはプレーできる状態にある。前園がどれほどデリケートな男だとしても、「新しい環境に慣れるのに時間がかかっている」というのは、そろそろ理由にならなくなっていた。

不振の原因は、彼自身にもあった。

「不安定な気持ちのまま移籍して、何とかもう一度モチベーションを上げて、このチームで頑張ろうと思いながらも、なかなかそういう精神状態にならない。モチベーションが上がってこなかった」

ほとんどのメディアが指摘した「全盛時のキレを取り戻せていない」というのも、前園によればメンタルに起因しているという。

「シーズン前の自主トレからいつもどおりにやってきたし、シーズン中も練習はちゃんとやっていた。僕はいつも思うんだけど、一番大事なのはメンタルだから。メンタルが安定してないと、プレーに悪い影響が出ちゃうんですよ。それは『キレがない』という状態じゃない。コンディションの影響はもちろんあるけど、メンタルが充実してれば、多少は痛いところがあってもできちゃうんですよ」

アトランタ五輪最終予選のサウジ戦で、前園は痛み止めの注射を打ちながら2ゴールを叩き出している。あの試合の彼は、フィジカルの不足分をメンタルで補っていた。

「逆に、コンディションは普通でも自分の思っているプレーができないと、徐々に自信を失ってしまう。『あれっ、ちょっと、おかしいな』って感じるようになると、もう空回りが始まっているんですよ。頑張って頑張って、ディフェンスで死ぬ気で走り回る。責任を果たさなきゃいけないって。でも、それは僕のプレースタイルではなくて、肝心なところでのパワーがなくなっていたりする。空回りっていうのはそういう意味で、自分本来のプレーからどんどん遠ざかってしまうんですよ」

元鹿島アントラーズのアルシンドを緊急補強したセカンドステージも、ヴェルディは開幕から4連敗という厳しいスタートとなる。京都から電撃復帰したラモスが第7節から出場するが、セレッソ大阪に3―5、鹿島に0―5、ジュビロ磐田には1―6という信じられない大敗を喫するなど、6勝10敗で12位に終わった。連勝が一度もない状況では、前園がきっかけをつかめないのもしかたがなかっただろう。

「自分が思うようなプレーができていないというのは、自分では分かっている。そういうなかで試合をこなして、あ、この感覚だな、ちょっと取り戻してきてるな、というのはあっても、次の試合ではまったくダメだったり。いい時期が長く続かなかった」

試合の映像を確認してみた。フリューゲルス在籍時にはほとんどやらなかったが、このときばかりはビデオテープに頼ってみた。

「それまではずっとやってなかったけど、『あのときは、ああやれば良かったな』とかいうシーンを、頭のなかで覚えていたから。自分なりの反省点を頭のなかで整理して、次の試合に臨むっていう感じだった。でも、さすがにこの頃はビデオを観ました。ひどかったですね、最悪でした」

映像のなかの自分を客観視することで、「何ができていて、何ができていないのか」を整理することはできた。だが、試合になると悪いイメージの自分に戻ってしまう。

ピッチで輝けない原因は分かっているのに、自分を修正できない。ストレスはたまるばかりだった。

「すっごいストレスですよ。サッカーが楽しくないんですから。僕のなかでは気持ちが一番大切だから、それだけでもう、かなりのマイナスなんですよ。いいプレーができる状態ではない。サッカー人生のなかで、サッカーが楽しくないなんてことは一度もなかったから。フリューゲルスの最後のシーズンも、途中から移籍交渉でゴタゴタしたけれど、でも、試合をやれば楽しかった。このときはもう、練習へ行くのも苦痛というか、仕事みたいな感じですよね。行かなきゃいけない、という。そういう感覚も、いままでまったく経験したことのなかったもので」

ストレスを吐き出すために、夜の街へ出かけたこともあった。それも、一時的な現実逃避に過ぎなかった。

「ちょっと遊びに行ったところで、全部は吐き出せない。そのときだけだから。瞬間的なリフレッシュになるというだけで。次の日はまたサッカーで、同じ現場に行って、また戻っちゃうわけですよ。だからそういうのでは解消できない。サッカーのストレスは、サッカーで解消しないと。そこで満足できないと、根本的な解決にはならない」

アトランタ五輪代表のチームメイトは、日本サッカーの最前線に立っていた。

9月から始まったフランスワールドカップアジア最終予選では、川口と中田がレギュラーとして出場していた。呂比須ワグナー（ベルマーレ平塚）の帰化で控えにまわっていた城も、イランとの第3代表決定戦で大きな仕事をやってのける。ジェットコースターのような日々は2か月以上も続き、日本は初のワールドカップ出場権を勝ち取った。

「最終予選は観てましたよ、ずっと。でも、自分の現状は自分が一番よく分かっているから。『代表に戻りたい』って思うよりもまず、自分のプレーを取り戻さなきゃいけない。だから、試合を観ていても興奮したことはなかった」

ジョホールバルでつかんだ出場権は、イランを振り切ったメンバー以外の選手にも、フランスワールドカップのピッチに立つ権利を与えることになった。前園にとっても、モチベーションを上げる絶好の機会だったはずだが……。

「それがモチベーションにならないということはないけど……もしなっていたら、もっとプレーが変わっていたと思うんですよ。どうなんだろう、そこまでの余裕がなかったのかなあ？　何なのかなあ……。でも、上がったところはある。絶対にあった。自分にもまだチャンスがあるんじゃないか、と思ってたのは事実だし」

しかし、上がりきることはなかった。モチベーションの針が大きく振れるまえに、1997年のシーズンは終わってしまった。1998年のシーズンは始まってしまった。そして、フランスワールドカップが開幕してしまった。

「たとえば、高校生のときに抱いた『選手権に出たい』っていう気持ちは、自然と湧き上がってきたものなんですよ。選手権という明確な目標があるから、どんなに練習がキツくても頑張れた。アトランタ五輪にしても、『絶対に出なきゃいけない』っていう気持ちが最初からあった。

僕にとってのモチベーションっていうのは、意識して上げていくものではない。自然と湧き上がってくるもの。フランスワールドカップが迫っているからといって、上げようと思って上げられるものじゃなかった」

当時24歳だった前園には、年齢的に少なくともあと一度、ワールドカップに出場できるチャンスがあった。28歳で迎える2002年大会はキャリアのピークと重なり、共催国として出場が決まっている。2006年大会も、出場の可能性がまったくないわけではない。フランスワールドカップへ向けてモチベーションが上がらなかったのも、だから、まるっきり理解できないわけではない。

もちろん、4年に一度の大会を逃してしまう代償は大きい。ワールドカップのサイクルと自分のピークがズレてしまい、世界の舞台に足跡を残せなかった名選手は何人もいる。前園もまた、ワールドカップのピッチに立つことはできなかった。

それにしても、腑に落ちないことがある。

ヴェルディにフィットしていなかったとしても、もっと貪欲に、泥臭いぐらいにワールドカップにこだわっても良かったのではないか。代表復帰のためにできることは精いっぱいやった、限界まで出し切ったという思いを、ぶつけるべきだったのではないか。前園というプレーヤーに未来を感じたサッカー関係者やファンは、そういう姿を見たかったはずである。

なぜ前園は、燃えるような情熱を持てなかったのか。

ひとつの答えを示してくれたのは城だった。

2000年1月にリーガ・エスパニョーラのレアル・バジャドリーへ期限付き移籍した彼は、8月開幕の新シーズンから完全移籍することになっていた。

しかし、所属元の横浜F・マリノスとバジャドリーの交渉は決裂する。城が再びリーガ・エスパニョーラのピッチに立つことはなかった。

「バジャドリーの会長、GM、監督と帰国する3日前ぐらいに色々な話をして、(交渉に関わる)資料もすべて見せてもらった。新シーズンもここでやってほしい、荷物も置いていけと言われて。バカンスにでも行って、来季のアタマに会おうな、と言われたので、3週間分くらいの荷物をトランクに入れて帰ってきたんです」

15試合に出場した2000―2001シーズンの経験から、城はシーズンオフを利用して肉体改造に取り組んでいた。「スペイン仕様の筋肉をつけるため」に専属のトレーナーを雇い、およそ3週間で4キロの体重アップに成功していた。

「だけど、もうちょっと待ってくれと言われたのに、急にダメになってしまったと連絡を受けて。スペインに戻れるって言ったじゃないか、というチームに対する不信感が、すごい芽生えてしまって」

不信感のあとに襲ってきたのは、底知れぬ虚《むな》しさだった。

「心のなかに、ポッカリ穴が空いちゃいましたからね。すぐに移籍先を探したんですけど、移籍金が高いから取るチームがないと言われて。泣く泣くマリノスに戻るしかなくて。帰ってきて1試合目のJリーグで2点取ってるんですけど、『日本なら結果出せます』ってはっきり言ったんですよ。あの試合だけは、意地で点を取りましたよ。そのあとは、まったく結果を出せなかったんですけど。筋肉をつけたから身体は重いし、何より精神的にダメで。そこから一気に落ちましたからね。心はスペインに置いてきちゃいましたから。1年目より2年目のほうができるっていう確信があったし、スペインでやるんだっていう強い思いがあったから。向こうへの思いが詰まっていたぶん、反動も大きかったかもしれない。やっぱり、やる気ですもん、絶対に。目ざすものを失ったショックは、ゾノもあったんじゃないかな」

セビージャへの移籍に賭ける思いは、ワールドカップ出場でも埋めきれないほどのものだった。そう考えれば、前園が新たなモチベーションを見つけられなかったことにも説明がつく。

公の場所ではフリューゲルスを最後まで批判せず、ヴェルディへの移籍についても努めて前向きに語っていた前園だが、言葉にしなかった思いは多かったに違いない。そして、内に秘めた大切な思いというのは、なかなか言葉にはできないものである。

第5章

憧れの地、ブラジルへ

本当に久しぶりに、「前園」という名前がスポーツ紙の一面に掲載された。正確には裏一面で、キヨスクですぐ目につく表の見出しはヤクルトスワローズ退団の決まった野村克也監督の涙だったのだが、ここまで大きくスポーツ紙に取り上げられるのは、フリューゲルスからヴェルディへの移籍騒動以来だった。

1998年9月23日のことである。

前園は濃紺のストライプスーツを着ていた。ヴェルディのロゴが入ったバックボードを背に、集まった記者の前に腰を下ろす。サッカーの神様と呼ばれるペレがキャリアの大半を過ごし、カズも在籍したブラジルの名門・サントスFCへの期限付き移籍を発表する記者会見だった。

契約期間は3か月という短いものだったが、前園に迷いはなかった。

「向こうの要望がそうだったので、期間について悩んだことはない。慣れる時間はないけれど、リーグ開催中でコンディションは問題ないので、なるべく早くチームに慣れて、自分のパフォーマンスができればと思う。向こうで何かを学ぶというよりも、行くことで必ずプラスになることがある。技術的にも精神的にも、自分自身に物足りないものを感じているので。自分の力を全部出せるくらいに活躍してきたい」

サントスを率いるのは、かつて清水エスパルスやヴェルディの監督を務めたエメルソン・レオンだった。新しいチームメイトには、ヴェルディでともにプレーしたセンターバックのアルジェウをはじめとして、Jリーグ経験者も何人かいる。コミュニケーションやコンビネーションを、ゼロから築いていかなければいけないわけではなかった。

「最初に話をもらったときは、非常にびっくりしました。ただ、監督がレオンということもあって、一緒にやったことはないけれど、彼は日本のサッカーを知ってるし、僕の特徴も理解してくれているから、チームは関係なしに誘ってくれたことが嬉しい。サントスもいま、全国選手権で2位につけているし、そういうチームでプレーできることは嬉しいです」

サントスからのオファーは、実は最初にして唯一のものではない。それ以前から、水面下で移籍交渉は進められていた。

「そのまえに、サンパウロから話があったんですよ。なぜかというと、そのときのサンパウロの監督がネルシーニョだったんです。僕が移籍するまえに、ヴェルディの監督だったネルシーニョ。彼が呼んでくれて、『いや、もう、絶対に行きます』という話をしていたら、クビになっちゃったんですね。ほら、向こうは突然クビになるじゃないですか。そうしたら、サントスから話があるということになって」

記者会見では質疑応答の時間も設定された。

完全移籍の希望はあるのか？

中田はイタリアだが、ブラジルについてどう思うのか？

この記者会見の10日前には、中田がセリエAのデビュー戦で2ゴールを叩き出していた。前園も同じような野望を抱いているのかは、集まった記者にとって確認しておきたいことだったのだろう。

「完全移籍までは、いまは考えていない。契約が終われば川崎に戻ることも決まっている。でも、そのあとに話があれば考えていきたい。海外でやることについては、欧州もブラジルも変わらないと思う。いまの自分の置かれている状況よりレベルは高いし、そこでやっていく自信はある。行くからには、試合に出て活躍しなければいけないと、それだけを考えています。それと、ヴェルディが厳しい状況のなかで移籍を理解してくれて、本当に感謝しています」

1998年から元ベルマーレ平塚のニカノールを監督に招へいしたヴェルディは、ファーストステージで6位に食い込んでいた。復活への足掛かりは整いつつあるかと思われたが、8月22日に開幕したセカンドステージは開幕から7試合で1勝6敗と低迷していた。ベルマーレからあげた唯一の勝利は、前園のゴールが決勝点となっていた。

苦しいチームを振り切っての電撃的な移籍である。今回こそ「わがまま」と言われてもしかたのないシチュエーションだが、周囲は好意的だった。記者会見に同席した河野慎二副社長は、「川崎に来てから、なかなか結果が出ていない。新たな飛躍のため、起爆剤が必要だろうと考えていた」と、チーム状況を度外視しての移籍容認だったことを明らかにしている。

「そのときは試合に出たり、出なかったりだったから、チームとして絶対に必要というか、主力じゃない。だから、チームからすると引き止めるっていうのはなかったと思う。僕自身はそんなことさえ考えなかったけど。普通だったらね、『なんだ、オレ、主力じゃねえんだ』って思うかもしれないけど、そこまでの余裕がなかったから」

余裕がなかった、というのは偽りのない言葉である。日本を離れることへの寂寥感や高揚感が湧き上がることはなかった。

「純粋にサッカーが楽しくなかった。逃げたかった。そういう気持ちになっている自分が嫌だったというのもある。何かこう、この状況を変えたいという思いがあって。そういう思いがすべて混ざり合っていたから、ひと言では言い表せない」

Jリーグのクラブを率いた当時のレオンは、厳しいトレーニングを課すことで知られていた。それさえも、移籍の足かせにはならなかった。

「フリューゲルスにいた頃から、レオンの練習が厳しいっていうのは聞いてました。ものすごく走らせるって。でも、ブラジルではそんなことはない、練習メニューは普通だというのも聞いてましたから。もちろん、人間的な厳しさは変わりないということだったけど、とにかくブラジルへ行きたかった。この状況から抜け出したかったから」

日本代表が3戦全敗に終わったフランスワールドカップの戦いぶりは、「個」の力の重要性を浮き彫りにした。

アタッキングゾーンで仕掛けられるタレントが必要だ。1対1で勝負できるタレントを育てなければ、世界では戦えない——そうした議論の片隅には、「前園」という名前もあった。セビージャへの移籍騒動をきっかけに彼を批判してきたマスコミやファンは、それでも、アトランタ五輪代表キャプテンへの期待を捨てきれていなかった。「ゾノみたいな選手がいたほうがやりやすい」というメッセージを発信する選手もいた。

「そう思ってくれている人がいるんだから、このままじゃダメだ、頑張らなきゃダメだっていう気持ちもあって。サッカーでダメになってしまった自分は、サッカーでしか取り戻せない。そのきっかけというか行き先が、たまたまブラジルだったんです」

記者会見から3日後の9月26日、ホームの等々力競技場で行なわれたヴィッセル神戸戦に先発出場した前園は、そのまま成田空港へ向かった。

「たった3か月だけど、頑張ってきますよ」

ヴェルディへ移籍してからというもの、一切の感情を押し隠すようになっていた前園が、久しぶりに見せる笑顔だった。

9月29日には現地で記者会見が行なわれ、前園は伝統ある白いユニホームに袖を通す。ブラジルで人気ナンバー1のスポーツ紙『LANCE！（ランセ）』には、『日本人選手、10番のシャツを着る』という見出しとともに以下のような記事が掲載された。

サントスFCは新たに補強した日本人選手の前園（24）に、ナンバー10のカミーザ（ユニホーム）を与えた。前園は、12月末までサントスに所属する。11日の対バスコ・ダ・ガマ（マラカナン・スタジアム）の試合には、出場可能となる見込みだ。

彼は横浜フリューゲルスで名をあげ、さらに1996年のアトランタ五輪では日本の主将としてプレーした。その後、ヴェルディ川崎が彼のパス（保有権）を取得し、今回は3か月の期限付き移籍でサントスにやってきた。

前園はヴェルディの河野慎二副社長と来伯し、サントスの背番号10として紹介された。

「まだどの番号をつけてプレーするのかは分かりませんが、サッカーのキング・ペレが使っていた10番のシャツを着させていただいて、とても光栄に思っています」

サントスのセンターバック、アルジェウは、日本で知り合ったアミーゴだ。日曜日にモルンビー・スタジアムで行なわれたサントス対コリンチャンス戦は、彼が出場できなかったため、前園と一緒に観戦した。この試合で前園は、サントスのビオラがとても印象的だったという。「早くチームに合流して、ビオラとプレーしてみたい」。

サントスのフロントは、前園がブラジルで仕事をするビザ取得用の書類などをすでにブラジリアに発送済み。マルコ・アントニオ・スーパーバイザーによると、およそ10日間でビザが発行されるので、デビューは10日後になる見込みとのこと。

前園はインタビューのあと、すぐにトレーニングセンターに向かった。エメルソン・レオン監督は、「書類が早く発行されることを期待している。前園はスピードがあり、試合のビジョンが良く、絶品なパスを出す良い選手だ」と語っている。

大衆紙『ディアリオ・ポピュラール』でも、入団記者会見の写真とともに前園の入団が伝えられている。固有名詞に誤りがないのは、Jリーグに数多くの選手を送り込んでいるブラジルのメディアならではだろう。

サントスFCのフロントは、オフェンシブハーフの前園の書類発行を、何とか11日の対バスコ・ダ・ガマ戦に間に合うようにと急いでいる。

前園は昨日、サントス市内のホテルで正式に契約を交わし、インタビューに応じた。その後すぐにトレーニングセンターへ向かい、初のトレーニングに参加した。

年末までの期限付き移籍でサントスにやってきた前園は、「ブラジルのサントスでプレーするということは、プロ選手にとって成長する大きなチャンスだ」と言う。

そして、「3か月で評価されるのは難しいと思うが、僕はいつも外国でプレーすることを望んでいました。だから、何とかいい仕事ができるようにベストを尽くします」と付け加えた。

24歳の前園は横浜フリューゲルスで活躍し、昨年、ヴェルディ川崎に移籍した。日本代表については、すべてのカテゴリーに参加している（※実際には五輪代表が日本代表初選出）。1996年のアトランタ五輪については、「よく覚えています。あのときは1―0で日本が勝ち、僕はチームのキャプテンとしてプレーしました」と語った。

日本人街リベルダージで発行される『ニッケイ新聞』には、レオン監督のコメントが掲載された。

「以前からマエゾノは知っている。彼がフリューゲルスにいて私が清水エスパルスにいたときは、彼と戦うのに疲れたこともある。その頃からすごい選手だと思っていた。私のチームには、ポジションが『11』しかないわけではない。選手を次々と変えていくこともある。つまり、レギュラーになる可能性は十分にあるのだ」

チーム、監督、メディアのいずれもが早期のデビューを期待していたわけだが、前園がユニホーム姿を披露するのは予定より1週間遅れとなる。ブラジル入りしてすぐに、体調を崩してしまったのだ。

「風邪を引いてお腹《なか》をこわして、練習に行けなくなってしまって。2、3日休んで、点滴を打ってもらったんですよ。そのあとも、トレーナーとマンツーマンで別メニュー調整。早くチームに合流したい、早くゲームに参加したいって気持ちが強くて、無理をしないように抑えるのに必死でした」

現地時間10月18日、前園はベンチ入りのメンバーに選ばれた。ホームスタジアムで行なわれるブラジル全国選手権の対ポルトゲーザ戦である。

収容人数2万人のエスタディオ・ヴィラ・ベルミーロに、「ジャポネース！（日本人！）」の声が響く。ベンチ裏でウォーミングアップを始めた前園を出せ、というサポーターからの要求だ。

レオン監督が動く。0―0で推移していた後半20分、背番号16を着けた前園が前傾姿勢でピッチに飛び出していく。

レオンの指示は簡潔だった。点を取ってこい。点に絡んでこい――ペナルティエリア付近でボールを呼び込み、パスを受けたらシュートかドリブルを迷わず判断する。一発取ってやるぞ。頭のなかは整理されていた。

小学生の頃から憧れていたブラジルで、プロとしてピッチに立つ。感動的な場面である。

ところが、不思議なほど緊張感はなかった。不安もなかった。不振をかこっていたヴェルディでのイメージを、引きずることはなかった。

「ヴェルディでどうだったというのは、あまり考えなかったなあ。ブラジルへ行った瞬間に、頭のなかは切り替わっていた。環境が変わったことでホッとしたというか、ずっと抱えていたモヤモヤとした気持ちから解放されたので。まったくの知らないところでゼロからのスタート、ポジションを取るために競争していかなきゃいけないわけだし、最初のうちは言葉もそんなに通じないから、周りから何を言われてるのかなんて考え込むようなこともなかったし」

ブラジル人の好奇心を浴びて登場した小柄な日本人は、わずか1分後にスタジアムにどよめきをもたらす。

ペナルティエリア右でパスを受けた前園が、右足を思い切りよく振り抜く。のちに鹿島アントラーズや川崎フロンターレで活躍するアウグストの右足に当たったボールは、GKファビアーノの頭上を越えてゴールネットに突き刺さったのだった。

「ゴールを決めることができたのは良かったけど、チームが勝てなかったのであまり喜べない。次の試合でも頑張りたい。最初の一歩を踏み出すことができたけれど、これからが本当の勝負になると思う。今後も自分の力を思う存分発揮したい」

口元のあたりに伸びてくるカセットレコーダーの群れに苦笑しながら、前園は取材に集まってきたブラジル人記者にこう語った。76分に失点を喫したサントスは、1―1で引き分けていた。

翌日のスポーツ各紙には、ゴールに歓喜する前園の姿が大きく報じられた。サムライ、ニンジャ、ゴジラといった、海外メディアが日本人アスリートを報道する際に好んで使う固有名詞が、ポルトガル語に混じって大きな活字となった。

スポーツ紙『ランセ！』は、途中出場の前園に採点7をつけた。ゴールキーパーのゼッチ、左サイドバックのアチルソンと並んで、サントスではもっとも高い評価を受けた。

しかしながら、センセーショナルなデビューはレギュラー定着につながらなかった。ベンチ入りのメンバーにはコンスタントに選ばれていたが、レオンに名前を呼ばれるのは後半15分か20分以降が多く、ウォーミングアップをしただけで試合が終わってしまうこともあった。

「でもね、サントスのときは楽しかったなあ。全国選手権ではベスト4まで行ったし。フルで出た試合はひとつもなかったけど、ベンチにいてもすごくワクワクしてた。サッカーをやってる、という充実感があったな」

Jリーグで対戦したことのある選手が何人かいたこともあって、チームにはすんなりと溶け込めた。合流して3日目あたりからは、肩の力が抜けていた記憶がある。

練習でパスがまわってこない、ということもなかった。あらかじめ実力を知っているチームメイトがいたし、アトランタ五輪も関係していたかもしれない。

「アトランタでブラジルと対戦したあのマエゾノか、というのもちょっとはあったかな。入団記者会見でも聞かれたし。知っているヤツといえば、センターバックのアルジェウ。フリューゲルスのときに、いっつも削られてたんだ。あとは、いま湘南にいるアジエル。ユースから上がってきたばかりの若手だったんだけど、いきなり10番を着けたりもしていた」

サントスは日本にもその名を轟かす名門である。クラブハウスやグラウンドといった施設にしても、「それなりに整っているんだろうな」と前園は想像していた。

予想は見事に外れた。クラブハウスは高校時代の部室を思わせるもので、シャワーは雨水を溜めたものを使っていた。

「ロビーニョをレアル・マドリーへ売った移籍金で、いまはすごく立派なクラブハウスを建てたらしいんですけど、僕が行った98年当時はそんな感じでしたよ。アルゼンチンで受けたほどの衝撃じゃなかったけど、環境の違いにはびっくりしましたね。でも、そういうなかでもサッカーに集中することができていたんですよ。それまでは出てナンボって感じだったから、試合に出られないのはとにかく嫌だったというか、つまらなかった。でも、サントスでは試合に出られなくても、ベンチにいても、何て言うのかな……純粋にサッカーを楽しむことができていたんだよね」

練習にはひとりで通っていた。通訳はいなかった。しばらくすると、自宅代わりのホテルへチームメイトが迎えに来てくれるようになった。

「大事なミーティングがあるときと、監督とマンツーマンで話をするときだけ、サンパウロから日本語を喋れる人が来てくれて、内容を訳してくれた。あとは基本的にひとりでした。でも、事務所の人間が一緒に付いてきてくれてたんで、食事は二人で食べたり。試合が続いたから遠征が多くて、ホテルにいないことのほうが多かったんですけどね」

3か月の期限付き移籍で、公式戦4試合出場で1得点という成績を残した。出場可能な試合数を考えると、ピッチに立った時間は決して長くない。

しかし、結果以上の成果をつかみ、前園はサントスをあとにする。

「短い時間のなかでも、少しずつ自分のプレーを出せたかなというのはありましたね」

新年を祝う装飾が街から取り除かれた1月7日、前園は再びブラジルへ旅立った。サントスとの期限付き移籍が延長されることになったのだった。

「3か月やってみて、ある程度は手応えを感じていた。今度はもっと長い期間プレーして、そのなかで勝負したいと思っていた」

ところが、サントスへ戻ってみると話が違った。ヴェルディから菅原智の獲得を決めていたサントスは、「日本人は二人もいらない」と主張してきた。前園とは契約を結ばないという。サントスと前園を結びつけるはずの代理人は、明らかに困惑していた。

「ちょうどそのときに、ヴェルディから帰ってきてくれという打診があったんですよ。社長が代わって、選手もずいぶん入れ替わってるから、どうだって。松永さんと李さんがサントスまで来てくれて、食事をしたんです」

神奈川の無名高校だった桐蔭学園を全国的な強豪へ押し上げた李国秀は、来《きた》るべき1999年のシーズンからヴェルディを率いることになっていた。しかし、Jリーグの監督に必要なS級ライセンスを取得していなかったため、総監督という立場でチームを指揮するという。

代わりに監督のポストに就いたのが、加藤久の監督就任とともにヴェルディへやってきた松永だった。加藤の退任後も、松永はクラブに残っていた。

「僕を呼び戻すために来てくれたのかは分からないけれど、とにかく、ホテルの近くにあったチャイニーズレストランに行ったんです」

中華料理屋には、2時間ほどいただろうか。李はよく喋った。ヴェルディをこういうチームに変えていきたい。自分のサッカー観はこういうものだ。李が発する熱は、前園にも伝わっていた。

「その場ですぐに返事はしなかったんですけど、答えは決まっていました」

熱っぽい口調はサッカーへの思いを感じさせたが、李が目ざす方向性は前園の理想と一致するものではなかった。アトランタ五輪から世話になっている松永には申し訳ないが、チームの再建には協力できそうもない。

数日後、前園は「もう少しこっちで頑張りたいので」と、断りを入れた。

ブラジル入りしてから10日ほど経った1月21日、日本のスポーツ紙に『前園、ゴイアス移籍』という記事が報道される。「スター選手はいないが、各選手の持ち味を生かすことをチームの原動力としている」というチームカラーが紹介され、「ステップアップするには最高の環境になりそうだ」と伝えていた。

「アタマからフルで試合に出たい、という気持ちがすごく強かったんですね。で、ゴイアスとの間に入ってくれていた日系人の方に聞いてみると、すごく若いチームで、経験のある選手を求めていると。それで、主力で使ってくれるのであれば行きたいです、ということで話を進めてもらったんです」

4日後の1月25日には、『ゴイアスＥＣ』ことゴイアス・エスポルチ・クルーベとの5か月間の期限付き移籍が正式に発表される。ブラジル南西部のゴイアス州を本拠地とするクラブで、ヴェルディと同じ緑がチームカラーだ。ブラジル選手権では2部に転落してしまったが、州選手権では最多の優勝を誇る名門である。

「ここもまた、クラブハウスらしいものはなかった。敷地は広くて立派なんだけど、建物は立派じゃなかったなあ。若い選手を育てて高く売るっていうクラブには、何となく合ってる感じはしたけれど」

サントスではブラジル全国選手権に出場していたが、ゴイアスでは州選手権である。スタジアムと呼ぶのがためらわれる場所での試合も経験した。

「観客席がなくて、ピッチの周りを金網で覆われているようなところでも試合をしました。西が丘サッカー場から、観客席を取っちゃったような感じです。で、試合を観にきている人たちは、みんな金網によじ登るんですよ」

前園がボールを持つ。スタンドからはヤジが飛ぶ。ミスをすればさらに罵倒される。

サッカー場にはスラングが溢れている。チームメイトが最初に教えてくれるのも、辞書には載っていないような単語だ。何を言われているのかは理解できる。

「大きなスタジアムでは聞こえないんだけど、ゴイアスでは小さいスタジアムでも試合をしてたから。そういうのは、けっこう聞こえてきましたよ。『日本に帰れ！』とか。相手チームの選手にも言われるし、競り合いでは必ずと言っていいほどガツンとこられるし。日本人をビビらそうとしているんでしょうけどね。あれはもう、精神的にタフにならざるを得ない環境だった」

チームメイトには、のちにJリーグで活躍する選手がいた。

「ガンバで得点王になるアラウージョ。彼はオレの運転手だった。いつも車に乗せてもらってた。そのときからメチャクチャうまくて、『日本に行けば？』なんて話もしてたんですよ。本人も行きたいんだけど、移籍金が高すぎて難しいって言ってたなあ。あとは、大分でボランチをやっていたトゥーリオ。鹿島のダニーロもいました」

ゴイアスでは背番号10や11を背負い、レギュラーと言っていい扱いを受けた。3月3日のデビュー戦では先発フル出場で1アシストを記録し、コパ・ド・ブラジル（国内カップ）のサントス戦では古巣撃破の立役者となった。コンスタントにピッチに立つことで、プレーのレベルは上がりつつあった。

「自分らしいプレーは出せたと思うんですよ……」

……のあとに続くのは、「最後のほうを除けば」とでもなるだろうか。「ゲームメイカーの才能があるので、アシストなどに期待したいね」と語っていたアウジョス監督は、次第に前園を先発から外すようになっていったのである。

はっきりとした理由は聞かされなかった。思い当たることがあるとすれば、チームの方針に見合わない選手だった、ということである。「若い選手を育てて高く売る」というクラブの方針に、期限付き移籍でやってきた日本人はそぐわなかったのだった。

「試合に出られてすごく充実していた反面、どこかで孤独を感じていたところもあった。サッカーを離れてひとりになると、そういう気持ちになることはあった」

前所属クラブのサントスであれば、気晴らしをすることもできた。ハイウェイを1時間も走れば、サンパウロへ行くことができた。休日には食事をしたり、日本人街へ立ち寄ることもできた。

「ゴイアスはそうもいかないんですよ。サンパウロまで飛行機で1時間半ぐらいかかりますから。たとえばマクドナルドとかはあるけど、コンビニはないし、ちゃんとした日本食屋もない。夜の10時くらいになったら、レストラン以外のお店はたいてい閉まっちゃう。何かこう、遠いところへ来ちゃったなあ、という感じはしましたね」

サントスには同行していた所属事務所のスタッフも、ゴイアスには来なかった。時差が横たわっているので、必要なやり取りはメールやファックスが多くなっていた。

そのおかげで、ポルトガル語はずいぶんと上達した。そうなると逆に、日本語を使いたくもなる。だが、ゴイアスでは日本語をひと言も喋らない日が珍しくなかった。

ひとりで食事をするレストランや、自宅のリビングで感じていた孤独は、自分への疑問となっていく。静電気でまとわりついたほこりのように、いつまでも身体から離れなかった。

「俺、ここでやっていていいのかなあ、と。自分の理想と違う方向じゃないけれど、目ざしているところはここじゃないな、というのはずっと思っていた。いまはここで頑張らなきゃいけない、ただ、ここでずっとやってちゃいけないんだろうなあ、という思いは消えなかった」

現状に対する疑問を打ち消すには、試合に出ることが必要だった。絶えずピッチに立っていることが、孤独や迷いを振り払う唯一の方法だった。

それが、閉ざされてしまった。トレーニングでアピールをしても、監督の興味を取り戻すことはできなかった。通訳がいつも付いているわけではないから、監督とじかに話をすることもままならない。メンバーから外される原因に行き当たることはできず、現状への不満や焦りは募るばかりだった。

ゴイアスとの契約満了を待たずに前園は帰国した。帰国してしまった。


所属クラブを持たない日々が始まった。

セリエAのプレシーズンを控えた中田とグアムで合同自主トレを行ない、ヴェルディを窓口に新天地を探していった。イタリアやスペインのクラブを希望していたが、ヨーロッパのシーズン開幕が迫っても交渉は進展しなかった。

無理もない。ブラジルの名門・サントスでプレーしていたと言っても、数字上に残る記録は4試合1得点である。ゴイアスはブラジル全国選手権の2部だった。アピールに欠けるのは否めなかった。

前園自身はブラジルで浮上のきっかけをつかみつつあったが、内面的な変化が第三者に伝わるはずもない。クロアチア・ザグレブからカズを獲得した京都サンガが興味を示しているという報道もあったが、具体的な交渉には至らなかった。

ようやく浮上してきたのが、ポルトガル1部リーグのギマラエスだった。帰国から3か月が経過し、ヨーロッパ各国リーグはすでに開幕していた。季節は秋の一歩手前だった。

最初に向かったのは、スペインのマドリードだった。ギマラエスとの交渉を担当する日本人の代理人が、マドリード在住だったのである。

「とりあえず練習に参加することになったんです。だいたい2、3週間見せてほしいということで。でも、実際にギマラエスへ行くまでには、まだ3週間ぐらい時間があったんですよ」

ホテルの近くの公園を走った。リフティングをして、壁当てをした。フィットネスクラブへ足を運んだ。心肺機能は何とか維持できるが、実戦感覚を磨ける環境ではなかった。

このままひとりで練習していても、アピールなんてできない。

準備とは言えない毎日に耐えかねた前園は、携帯電話のメモリーからある人物を探す。

アトランタ五輪代表のチームメイトだった、松原良香だった。

「これはホントにまずいと思って、良香にコンタクトを取ったんですよ。そうしたら、FCチューリッヒのテストを受けていて、練習に参加していると。『じゃあ、オレも練習させてもらえるように頼んでもらえないかな』って」

前園の動向は、松原も気にかけていた。前園がサントスやゴイアスでプレーしていた当時、彼らは国際電話で何度か連絡を取り合っている。クロアチアのクラブとの契約が終了し、新たな移籍先を探していた松原にとって、前園の焦りや苛立ちは他人事《ひとごと》ではなかった。

「ゾノもチームが決まらない、僕も決まっていないということで、同じような状況でしたから。国際電話で話しているときに、アドバイス的な話をしてくれたこともありましたし」

松原から「OKだよ」という返事をもらうと、次の日にはスイスへ飛んだ。チューリッヒのBチームの練習に、10日間ほど参加することができた。

「オリンピックのときは、そんなに良香とはつるんでなかったんですよ。でも、アイツもあちこち海外へ行っていて、そういう意味ですごく共感することもあったから」

チューリッヒでのトレーニングが助走となり、ギマラエスでは自分なりに納得できるプレーができた。ポルトガル語には慣れているから、コミュニケーションが大きな障害になることもなかった。

「レベル的には問題なかったですね。ポルトガルの中堅というか、真ん中より少し下ぐらいのチームだったし。ブラジルよりもスピーディーで、もっとガツガツしているところはあったけど。そこはやっぱりヨーロッパ的な感じで。まあでも、これはイケるな、という感触はありました」

問題は移籍金だった。

今度移籍するのであれば、完全移籍で1億円というのがヴェルディの条件だった。前園自身も「レンタルではなく完全移籍で」という気持ちは強かった。レンタルで加入する選手はあくまで「借り物」であり、重要な局面では使われない苦々しさをブラジルで味わったことも、完全移籍へのこだわりにつながっていた。

「予定どおり3週間ぐらい練習に参加して、いよいよ本格的な話をするという段階になったら、ギマエラスが『1億円は出せない』と。僕にしてみれば、『話が違うじゃないですか』って感じですよ」

どうやらギマラエスは、最初から1億円も出すつもりはないようだった。ただ、戦力としては認めてくれている感触がある。『もう少し安い金額で、何とか折り合いをつけるように話して下さい』と、代理人にお願いしてもらうことにした。

「それでもやっぱり、うまくいかなくて。そうこうしているうちに1か月近くポルトガルにいたから、どうする、どうするってウダウダしている時間がもったいない。それでもう「しかたがないですから、他のチームを当たってください』ということにしたんです」

次に向かったのはギリシャだった。PAOKサロニカというクラブである。2004年のアテネ五輪で開催都市にもなったギリシャ第2の都市テッサロニキをホームタウンとし、国内リーグ、カップともに2度の優勝を記録している中堅クラスだ。

「僕のいままでのビデオを観て、監督がすごく興味を持ってくれたんですよ。それで呼ばれたんです。ギマラエスの件があったから、『今度はそういうことにはならないでしょうね？』って、その代理人の人にも確認してから行きました」

テッサロニキに到着した前園は、クラブハウスでGMと監督と握手をした。翌日はホームスタジアムで行なわれたギリシャのスーパーリーグを観戦した。新加入を期待される選手にふさわしい待遇である。

ところが、前園が観戦したゲームの敗戦が引き金となり、監督が突如として解任されてしまう。自らの獲得を推し進める人間を失ったことで、立場はいきなり暗転した。

「そのあとも練習に参加していて、1週間ぐらいして新しい監督が来たんです。オリンピアコスの元監督が。ギリシャでは長く監督をやっている有名な人なんですけど、この人が来て、いままでも忘れないのが……」

新監督の就任2日後だったはずである。スタッフと選手がいる前で、前園は監督からこう言われた。

「この日本人は誰だ？　オレは呼んでないぞ」

それでもトレーニングには参加し、練習試合でアシストを記録したりもした。「このレベルでできないとダメだろ」と思っていたし、身体も思うように動いていた。

しかし、監督の気持ちを変えることはできなかった。

ゴイアス退団後の前園は、半年以上も無給で過ごしてきた。飛行機代、ホテル代、タクシーなどの移動費、ジムでのトレーニング費、食事代、代理人の経費と、銀行口座の残高を減らす項目はいくらでもあったが、収入はまったくのゼロだった。

絶望と不安がない交ぜになり、よじれるような痛みとなって胸を刺す。

最後に笑ったのはいつだろう。

いつからオレは、笑顔というものを失ったのだろう。

6月から始まった浪人生活は、クリスマスを迎えてもまだ終わらなかった。

「サロニカにいるときに面倒をみてくれたギリシャ人の家族が、クリスマスに自宅へ誘ってくれたんです。『ひとりなんだろう?』って。奥さんと娘さんと一緒にクリスマスパーティーですよ。ひとりにさせてほしかったから、かえって寂しい気分になりましたね。こんなところで、オレは何をやってるんだろうって」

フィリップ・トルシエに率いられたシドニー五輪代表は、圧倒的な強さでアジアの予選を突破していた。かつての僚友である中田は最終予選からチームに合流し、際立った存在感を発揮した。シドニー五輪代表は『黄金世代』と名付けられ、新時代の到来を予感させていくことになる。

「ゴイアスをやめてからの半年は、一番辛かったですね。所属先があれば、試合に出られない状況でも、チャンスがあるじゃないですか。でも、所属先がないと、前がまったく見えない。気持ちの持って行き場がないんですよ」

ヴェルディ移籍を端緒とする負のスパイラルは、どこまでも彼を追い詰めていった。ヨーロッパへの挑戦は、野心的な冒険ではなかった。体力と気力を根こそぎ奪い取る、転落への一本道だった。

3年前に「史上最強」と言われた1996年のアトランタ五輪代表キャプテンは、たったひとりで2000年を迎えようとしていた。

第6章

流浪の果てに

ヨーロッパのマーケットに自分の働き場所はないことを、前園はポルトガルとギリシャで胸の奥底まで突きつけられていた。

実力的には十分にやっていける手応えがあった。それにもかかわらず、入団にはこぎつけられなかった。「国際的にも日本人選手の実力が認められてきた」という認識が日本国内で拡がりつつあったが、実際に前園がヨーロッパで感じたのは、「いまもまだ、日本人は世界で認められていないんだ」という屈辱にも似た思いだった。ヨーロッパでは五輪の実績が日本ほど騒がれないし、国際Aマッチのキャリアは1997年3月からストップしたままである。練習参加から先へ進めない現状も、受け入れるしかなかった。

ヨーロッパ各国のリーグでプレーする日本人選手も、前園と同じように苦しんでいた。

1999―2000シーズンからセリエAのベネツィアへ期限付き移籍した名波浩は、開幕直後から降格ゾーンに沈むチームで真価を発揮できずにいた。1998年末にクロアチア・ザグレブへ新天地を求めたカズは、契約期間を1年残してJリーグへ復帰していた。

ただひとり、階段を駆け上がっていたのが中田だった。

ペルージャで1シーズン半を過ごした中田は、2000年早々にローマへ移籍することになる。将来性を高く評価されていたアトランタ五輪のチームメイトは、前園の及ばない高みへ到達しつつあった。

「僕がブラジルへ行ったときに、ヒデはもうペルージャへ移籍していて。たまにメールのやり取りをしたりしていた。状況が違うから何とも言えなかったけど、自分もそういうところでやりたいという思いは当然ありましたよ。それもあって、ブラジルからヨーロッパへ行ったわけだし。ただもう、ヨーロッパのマーケットが閉まっちゃう、どうしたらいいんだってときに、たまたま久さんから連絡をもらったんです」

1999年シーズンにJ2降格が決まったベルマーレ平塚は、翌2000年シーズンに加藤久を監督に迎えた。縮小された予算のなかで戦力補強に奔走する加藤は、浪人中の前園の獲得に乗り出すのである。

「海外でやりたいお前の気持ちは分かるけど」と言って、加藤は切り出した。チームの置かれた状況を、加藤は包み隠さずに説明した。

「ベルマーレはJ2だし、J1よりもレベルは落ちる。ビックリするかもしれない。でも、お前がそれに耐えられるなら、J2でもいいという気持ちがあるなら、一緒にやらないか」

1997年のヴェルディで加藤の力になれなかったことが、前園には小さな瑕疵《きず》となっていた。あれから3年が経ち、再び現場へ戻ってきた加藤が「もう一度、一緒にやろう」と誘ってくれている。今度こそ力になりたい、という気持ちがすぐに芽生えた。

それでも、即答はできなかった。

「ギリシャにいる間に連絡をもらったんですけど、1週間だけ時間を下さいとお願いして、ギリギリまで考えました。まず、日本に帰ることは考えてなかったし、しかもJ2というのが……」

いまでこそ代表歴を持つ選手が当たり前のようにプレーしているが、2000年前後のJ2は「J1を戦力外になった選手がプレーするリーグ」という断定的な見方で塗り固められていた。そうした偏った考えが覆されていくのは、前園より実績豊かな山口素弘がアルビレックス新潟へ移籍したあたりからになる。それにしても、2002年のことだった。

J2に復帰したら、周りはどんな反応をするのだろう。それが、前園には気がかりだった。

「J2への抵抗感は、確かにありました。『アイツはもう、J2しかないんだろう』とか、『海外でダメで、結局はJ2か』って思われるだろうなっていうのは、すごくあった」

正式契約にこぎつけられなかったとはいえ、つい数週間前までヨーロッパのクラブでトレーニングをしていた前園である。海外でやっていけるという手応えは感じていたし、簡単には捨てられないプライドがあった。帰国はすなわち敗北だった。信頼できる代理人を通じて、J1のクラブに獲得の意思があるのかどうかを確かめてもらったが、期待していた回答は得られなかった。

このままヨーロッパを放浪するか。ベルマーレへ移籍するか。ふたつの選択肢の狭間で揺れていた前園は、1週間の期限ぎりぎりまで悩んだ末に帰国を決断する。

「日本に帰るのは嫌だったけど、ゴイアスだって下のレベルと言えば下じゃないか、と思うようにもなって。環境面で言えば、Jリーグはどこよりも素晴らしかった。サロニカぐらいですよ、ここはかなりいいな、と思ったのは。だからもう、最後はやっぱり見栄を張ってもしょうがない、と。それよりも、いまはプレーをすることが自分には一番大切だと思ったんです」

サントス移籍後の前園は、移籍、退団、練習参加というサイクルのなかでボールを蹴ってきた。1シーズンを通じてプレーしたのは、ヴェルディ加入1年目の1997年シーズンが最後になる。試合に対する飢餓感が、ヨーロッパで移籍先を見つけたい気持ちを打ち消した。

「サントスに移籍してから、ひとつのクラブで1年間フルに働いていない。まずやっぱり試合に出て、1シーズンしっかりこなさなきゃいけないという気持ちはすごくあったんですよ。ゲーム勘がないのは大きいじゃないですか。1か月でも試合から離れたら、感覚はズレてくるのに。そういう意味では、J2は試合数も多いし、いまの自分には合っているリーグだと思った。まずは試合に出るところからだと。それ以上の何かを求めるのは、いまの自分には無理だと。とにかく試合をこなすことが大事だというのが、色々と考えていくなかでの結論でした」

前園から帰国の報告を受けた松原は、「ああ、良かった」と思った。自分のことのように嬉しかった。

「練習に参加しているだけの日々が続くと、もうホントに泣きたくなりますよ。チームが決まらないことじゃない。サッカーができないことが、選手は何よりも苦しいんです。半年以上もまともにサッカーをできなかったゾノが、どれほど辛かったのかが僕には分かったから」

電話越しに前園を祝福した松原は、所属クラブ決定の喜びが自分のものでもあることを知らされる。彼もFCチューリッヒとの契約にこぎつけることができず、新たな所属先を探していた。

「ベルマーレで一緒にやらないか、と言ってくれたんです。久さんに話してくれたらしいんですね。ゾノがやるなら断る理由はないので、僕もベルマーレにお世話になるんです」


1年でのJ1復帰を目標に掲げた2000年のベルマーレは、同じ降格組の浦和レッズと並んで昇格候補のひとつにもあげられていた。開幕戦ではベガルタ仙台をホームで4−1と粉砕し、最高のスタートを切る。前園の表情も、自然にほころんだ。

「いいプレーじゃなくて、ガムシャラに走ろうと思った。ゼロからのスタートなので、開幕が楽しみだったんですよ」

移籍後初ゴールは、4節の山形戦で記録された。Jリーグでは1998年9月15日の平塚戦以来、実に582日ぶりとなる一発である。翌日のスポーツ新聞各紙では、「自分が入ったらこうしたいというイメージは持っている。いつも意識しているし、2002年のワールドカップには出場したい」と、代表復帰への思いが報じられた。

しかし、ベルマーレのサッカーは揺れ幅の大きなものだった。3節から5節まで3連勝を飾るが、10節から13節にかけて4連敗を喫してしまう。好不調の波が激しかったのだ。11チームが並ぶ順位表では、真ん中あたりが定位置となっていた。

その一方で、上位陣は快調に勝ち点を積み上げていた。なかでも岡田武史監督率いるコンサドーレ札幌は、主砲エメルソンの爆発力を武器に浦和レッズを上回る勢いで白星を重ねていた。

「折り返しのあたりで、昇格は難しい状況だったんですよ。だからといってモチベーションが下がることはなくて、とにかくシーズンを通してやり切る、目の前の1試合で力を出し切る、ということを考えていた」

前園は開幕からほぼ休みなく出場していた。試合勘は磨かれていき、コンディションも高いレベルで維持されていた。最終的にはチームでもっとも長い時間ピッチに立ち、松原に次ぐチーム2位の11ゴールを記録した。

「試合をやれる喜びは大きかった。スタメンでピッチに立てる喜びがあった。自分の思うようなプレーができたり、イメージどおりに試合が運べた試合もあったし」

忘れかけていた充実感を味わうことはできた。だが、試合後に足取りが重くなるゲームも少なくなかった。

「正直に言って、自分のプレー以上に周りのレベルというか、J2の選手のレベルっていうものに……苦しんだっていうのはすごくあった。周りの選手をうまく生かしながら、一緒にやっていきながらチームのレベルを上げていかないと、結果も出ない。これはちょっと、自分のプレーを出せないぞっていうのは、初めて思ったことかな。開幕から数試合でゲームキャプテンを任されるようになって、リーダー的なところを求められていたのもあるし……。オリンピックのときに巻いてたキャプテンマークとは、ちょっと意味合いが違った。まあ、これから伸びていく若い選手が多かったから、しかたがなかったんでしょうけれど」

第4クールで8連敗を喫したチームは、最終的に8位まで順位を下げてしまった。加藤は解任され、前園はベルマーレ残留かヴェルディ復帰かという選択を迫られることになる。

「2001年から松木さんが監督になって、期限付き移籍していた選手、いままで在籍していた選手を戻してもう一度チームを作り直す、というようなことになったんですよ。僕はレンタルでベルマーレに行ってましたから、まあ、戻ってこいという話になって。J2で1シーズンやって身体のキレも戻ってきていたので、じゃあ、ということになった」

松木安太郎監督が率いる2001年のヴェルディには、歴戦の勇士とも言うべきタレントが集っていた。パラグアイのスポルティング・ルケーニョへ期限付き移籍していた武田修宏が復帰し、横浜F・マリノスから永井秀樹と三浦淳宏が加わった。ジェフ市原からは、小倉隆史が加入していた。3シーズンぶりに緑のユニホームに袖を通す前園には、背番号11が用意された。

「このシーズン、僕は半年契約だったんです。2月1日から8月いっぱいまでの。ひとまずそこまでで評価して、また次の契約を結ぶからと言われていた。そういう契約だったというのもあるし、もう一度ここでしっかり自分のプレーを出したいって気持ちもすごく強かったから、キャンプからガンガン飛ばしました。状態も良かったです」

シーズン前の練習試合では、ツートップの一角としてスタメンで使われることが多かった。パートナーは小倉である。同じチームでプレーするのはアトランタ五輪代表以来だが、当時と同じような関係性をすぐに築くことができた。

小倉が言う。

「僕は『距離感』をすごく大事にするんですけど、城と組むにしてもゾノとやるにしても、それは考えてやっていた。お互いを呼びながら、一度引いたら裏に抜けるとか。同じラインに入ってゾノがスルーして自分がもらって、すぐにボールをはたいてまた受けて、とか。色々なイメージがありましたね」

開幕戦はFC東京とのダービーだった。東京スタジアム（現在の味の素スタジアム）のこけら落としでもある。4万4000人が集まったスタジアムで、前園は3年ぶりのJ1復帰を果たすはずだった。

「試合当日の昼のミーティングで、ボードに名前がなかったんです。サブです。前日の練習までは、ずっとスタメンのフォーメーションに入ってたんですよ。オグの少し後ろに位置するような関係で。それがいきなり、オグの1トップだった」

前園だけではない。松木の采配は、その後も選手たちを困惑させることになる。

「色々な監督と仕事をしてきたなかで、芯がブレる監督とブレない監督がいるんです。僕の経験で言えば、ブレる監督はうまくいかないことが多い。チームがうまくいかなければ、監督だって迷うのは分かるんですよ。違うことを試したくなるのも。でも、選手って監督の変化にすごく敏感だから、ちょっとでも迷っている感じを嗅ぎ取ると、『あ、そうなんだ』と思っちゃう。そうするともう、うまくいかないことが多い」

果たして、松木とヴェルディはわずか4か月で袂を分かつことになる。7月14日のジュビロ磐田戦に延長で敗れたチームは、読売クラブ時代からチームを知る小見幸隆の監督就任を発表するのである。

「それまで色々な経験をしてきたから、試合に出られなくてもモチベーションは維持できていました。ゼロからの競争だ、という意識は強かったから。小見さんが監督になってからは、松木さんのときよりも使ってもらえるようになりましたし」

それまで前園は、全体練習が終わるとすぐにグラウンドをあとにすることが多かった。自主トレをするチームメイトに付き合うこともあったが、自分から進んで居残りでトレーニングをすることは少なかったと言っていい。

「右サイドの西田に付き合ってもらって、アーリークロスからシュートへ持ち込む練習なんかをしてたんですよ。居残りで。試合で使われるようになっていたから、気持ちも上がっていたし、身体もついてきていた。何となくだけど、自分の勘みたいなものを取り戻せてたんですよ。これは俺のプレーだなというのを身体で感じていて、このままいけばいい感じになるかな、と思っていたところで……」

9月15日の横浜F・マリノス戦だった。

前半35分、右サイドの西田吉洋がハーフウェイラインを越えたあたりでパスを受ける。瞬間的なアイ・コンタクトをかわすと、ゴール前へクロスを供給する。フリーのスペースを突いた前園にボールが渡る。居残り練習で何度も繰り返してきたパターンだった。

左足でトラップすると、ゴールキーパーの川口能活が圧力をかけてきた。鋭い出足にシュートコースは狭まっていくが、前園は左足を振り抜いて川口のワキの下を破る。フィニッシュへ至る一連の動作に、間違いはないはずだった。

「いや、あれはトラップミスだったんですよ。本当は右サイドからのクロスを左足で止めて、右足でゴールを巻くように狙いたかった。でも、止めたボールが身体の前へ、自分の正面へ流れてしまった。ヨシカツは勢いよく出てきてるから、『ぶつかる』と思ったんです。それで、上半身だけグッと引いたんですよ。でも、シュートをした足までは引けなくて、着地したときに芝生に持っていかれちゃったんです」

試合を動かす先制点は、Ｊ１では１９９８年9月15日以来となるゴールだった。にもかかわらず、前園は歓喜を表現できなかった。うずくまったまま立ち上がることができない。近寄ってきた小倉は、すぐに両手で「×」を作った。プレー続行は不可能というシグナルである。

「折れたな、というのはすぐに分かりました。単純にひねったときとは、痛みの種類がまったく違ったから」

ロッカールームへタンカで運ばれ、救急車の到着を待った。かつて経験したことのない痛みを発する左足首は、10分たらずでみるみるうちに腫れ上がっていた。

Ｊ１で3年ぶりにゴールを決めた試合で、サッカー人生初の骨折を経験することになるとは。ついてない。本当についてない、と前園は思った。

「本当ならあの試合は、ベンチスタートだったんです。そうしたら、先発の予定だった選手が体調を崩してしまって、先発に繰り上げになった。そんなことサッカー人生で初めてだったから、なんかちょっと違うなあと思いながら試合に出ていたんですよ。あまりいい予感はしてなかったわけで、そうしたら案の定でした」

救急車で病院に運ばれ、レントゲンを撮ると「そのまま入院することになります」と告げられた。腫れが引かなければ手術はできないし、そもそもこの足では自力で歩くこともできない。

「その瞬間にもう、切り替えたというか、諦めました。しょうがねぇ、リハビリだな、と」

松葉杖を使いながら、クラブハウスへ通う毎日が始まった。昼食を挟んで、午前・午後とリハビリに時間を費やす。翌日もまた、同じサイクルをこなす。チームとは違うスケジュールで動いているから、誰もいないロッカールームでたったひとり着替えることもあった。

「本当に辛い。地獄だよ。ノイローゼになりそうだよ」

リハビリに取り組んでいるチームメイトが、決まり文句のように話していた言葉を自分が口にしていた。ケガをしたチームメイトがどんな思いでリハビリに取り組み、どんな思いで毎日を過ごしてきたのか。左足に巻かれた白いギプスは、これから乗り越えていく道のりの険しさを前園に突きつけていた。

「ギプスが取れて最初に自分の左足を見たときに、半分くらい筋肉が落ちてたんですよ。脛《すね》の骨が丸見えなぐらい細い。それがまずショックだった」

リハビリのステージが上がるたびに、違う種類の衝撃が待っていた。

「少しずつ歩く訓練をしていくんですけど、それだけで筋肉痛になるんですよ。太ももの筋肉とかが。大して歩いてないのに。それがまたショックだった」

違和感なく歩けるようになると、今度はランニングである。少しずつ、本当に少しずつスピードを上げながら、走ることに慣れていく。グラウンドを半周できるようになり、しばらくすると1周分まで距離が伸びる。小さな喜びを感じることができた。

「目に見える形で進歩を感じ取ることができるのが、リハビリをやっていくうえでの唯一の糧でした。あとは、いまはレイソルにいるトレーナーの徳弘さん。トクさんって呼んでたんだけど、チーム全体を見ながら、僕に付いていてくれてたんですよ。トクさん個人の時間も、かなり削って付き合ってくれてたと思う。ああいう人がいなかったら、最後まで続かなかったかもしれない」

早く走りたい、早くボールを蹴りたいという思いが、恐怖に変わる瞬間も味わった。曲線を描くランニングやターン、急激なストップといった動きである。たったひとりのリハビリでさえ、猛烈な恐怖に襲われるのだ。対人プレーなどできるのか、これまでと同じようにサッカーができるのか、という不安は拭えなかった。

前園がよみうりランドでリハビリに取り組んでいる間に、ヴェルディには大きな変化があった。2002年のファーストステージで5連敗を喫した小見監督がクラブに休養届を提出し、ヘッドコーチのロリ・サンドリが監督に昇格するのである。ファーストステージは4月21日の第7節を最後に、3か月間の中断期間に入った。

日韓ワールドカップが、迫っていた。

6月4日に行なわれたベルギー戦の当日、前園はリハビリを休んで温泉へ出かけている。50パーセント以上の平均視聴率を記録したワールドカップの初戦は、観戦しなかった。

「観たくなかった、というのはありますね。なんだかんだ言っても、日韓ワールドカップがひとつの目標だったのは間違いない。選手である以上は、いつでも代表は目標っていう気持ちは確実にあったし。たとえ、ケガをしててもね。『アイツよりオレのほうが上だろ』って思うこともあるし、『なんでアイツが選ばれてるんだろう』って思うこともあった。でも、現実的に考えると、自分には可能性がないもの、遠いものだったことも事実だった。フランスのときは可能性があったから、気になってしかたがなかった。もしかしたら選ばれるかも、という気持ちがあった。ただ、日韓に関しては、どう足掻《あが》いても自分の場所はなかったから、そういう意味では少し冷めてたのかもしれない」

横浜国際競技場にロシアを迎えた夜も、長居スタジアムにチュニジアを迎えた昼も、前園はワールドカップのテレビ中継にチャンネルを合わせなかった。

テレビを観れば応援する。思わず前のめりになる。しかし、勝利を目撃したあとにやってくるのは、爽快感ではない。やりきれない思いが募るだけである。リハビリのペースを崩さずに、身体から汗を絞り出すほうが気持ちは紛れた。

「悔しさは、たぶんあったと思う。うらやましいな、という気持ちも」

ひとつ目の感情は、自分に対するものだった。ふたつ目は、中田に対するものだった。サッカーにおける関わりがなくなっても、彼らは連絡を取り合っていた。メールでやり取りをしたり、電話で話をする頻度は減っていたが、まったくの音信不通になることはなかった。

「あのチームはヒデのチームで、ヒデもすごく楽しそうで、僕には輝いて見えた。本来なら自分もあそこに立ってプレーしたいっていう思いになるんだろうけど、リハビリ中だったから」

リハビリに明け暮れた6月も、悪いことばかりではなかった。ひとりの純粋なサッカーファンとして、前園はブラジルやアルゼンチンのゲームをテレビで観戦していた。イメージトレーニングにはうってつけだった。静養期間を含めれば半年以上に及んだ復帰へのプロセスが、ついに終わりへと近づいていた。


シーズン中としては異例のニュースがスポーツ紙に掲載されたのは、日韓ワールドカップが終わったばかりの7月上旬だった。ロリ・サンドリ監督の意向を受けて、ヴェルディが前園を含む3選手に戦力外通告を行なったというのである。中村俊輔のレッジーナ移籍が明らかになり、ジーコの日本代表監督就任が伝えられていた頃だった。

スポーツ紙の取材に応じたヴェルディの関係者によれば、ロリ監督は3人の練習態度に不満を感じており、何度か注意をしたが聞き入れられなかったという。このため別メニューでの調整を指示したが3人が拒否したため、戦力外通告という強行手段に及んだというのだ。

「新聞にはそうやって出てましたけど、僕からすれば明確な理由も納得できる説明もなかったですよ。練習態度と言われても、僕はリハビリ中だったから、ロリが監督になってからずっと練習に参加できていたわけじゃない。それなのに、『もう使うつもりはないから、離れて練習してくれ』っていきなり言われて、3人で練習ですよ。トレーナーのトクさんが一緒に付いてくれて。いったい何が問題だったのか、いまでもまったく分からない」

いずれにしても、シーズン途中で前園は所属先を失ってしまった。同じく戦力外通告を受けた西田は国内に移籍先を求め、石塚啓次はイタリアへ渡った。

前園が向かったのは韓国だった。知人を通じてKリーグのクラブから練習参加の打診があったのだった。

最初に練習に参加したのは城南一和《ソンナムイルファ》だったが、「体力的な問題」を指摘されて契約には至らなかった。しかし、ふたつ目の安養《アニャン》LG（現FCソウル）では契約にこぎつけた。サテライトに相当するリーグ戦に出場し、趙広来《チョグァンレ》監督にパフォーマンスを評価されての入団だった。

「韓国へ行くことへの抵抗が、まったくなかったわけじゃない。でも、興味はあったんですよ。韓国とは五輪代表やフル代表で何度か対戦していて、一度も勝てなかった。日本のほうが技術は高いのに、どうして勝てないのか。アトランタ五輪のアジア最終予選で負けたときから、それはずっと引っ掛かってたんですよ」

　条件も悪くなかった。提示された年俸はヴェルディを上回るもので、マンションと車が用意された。背番号はもちろん「7」である。

「ちょっと前の自分だったら、たぶん韓国でテストなんて受けなかったと思うんですよ。ヨーロッパでクラブを探しているときは、過去を捨てきれなかったんだと思います。その気持ちのままだったら、もう一回ドサ回りをしてでもスペインとかに行ってた。でも、日本で試合に出ていたわけじゃないし、代表に入ってるわけでもない。何よりも、ケガ明けだった。ベルマーレへ移籍したときに、変なプライドはもう捨てていたし。J2だったらやらないなんて突っぱねたら、僕のサッカー人生はあそこで終わっていたかもしれない。だから、韓国へ行くことの抵抗はあったけど、悲観的ではなかった。逆にまた、コンスタントに試合ができるじゃないかという気持ちになれた。とにかく、全部捨てるつもりじゃないといけないと思った」

　すべてを捨てるということは、すべてを受け入れるということでもある。

　それなりの覚悟はしていたものの、韓国のトレーニングは厳しかった。予想以上だったと言ってもいい。しかし、前園は黙々とメニューをこなしていった。

「とにかくよく走ったなあ、というのが安養での印象。いままでのサッカー人生で一番走った。鹿実よりも。1月6日に集合して、国内合宿が2週間。午前と午後の2時間ずつ、ずっとフィジカルです。2日間だけ、地元の高校生や大学生と試合をして。それが終わったら、トルコとキプロスで合宿。ここはゲーム中心で、約2週間で10試合。ほぼ毎日ってことです。日本じゃあり得ないでしょう?　韓国に戻ってからは、開幕まで戦術練習。さすがに練習量は、少し落とし気味になりましたけどね」

チームメイトは好意的に迎えてくれた。

「何となくみんな、僕のことを知ってるわけじゃないですか。五輪予選で対戦した選手もいたし。そういう意味ではすごくフレンドリーというか、リスペクトされているなあという感じはしました。彼ら、NHKでJリーグとか代表の試合を観てるんですよ。とくに若い選手は、日本のサッカーにすごく興味を持っていて。Jリーグに行きたいっていう選手も多かったし」

安養での滑り出しは順調だった。リーグ戦開幕から10試合連続で先発出場を果たした。日本のメディアは前園の活躍を伝えていた。

「日本ではそう思われがちだったんですけど、全然ダメでした。テレビの映像はいいところしか流さないから分からないと思うけど、僕からすると何もしていないのと同じで。ボランチをやらされるときもあるし、ボランチで出ていて調子がいいも何もないだろうって。サッカーが日本とは根本的に違うから、そこにどうやって折り合いをつけていくのかが課題でしたね」

日本の選手はすごく技術が高い。でも、体力なら負けない。

日本のサッカーの話題になると、チームメイトはそんな話をした。技術を見せつけるだけでは、折り合いをつけられないことは明らかだった。

「とにかく試合に出ないとどうしようもないから、自分のプレーを殺してでも、まずチームのためにやるっていう姿勢を見せていくことを考えたかな。一番良かったときの感じは、もちろん忘れていなかった。そこに戻ることが第一だって周りからは言われてたし、自分もずっとそれを目ざしていた。でも、自分のサッカースタイルが少しずつ変わってきていたのも事実だから、何かを取り戻すって感じじゃないところもあった。むしろ、新しいものを見つけるつもりで、ひとつひとつ実績を重ねていこうと」

だからといって、物分かりのいい外国人選手になるつもりはなかった。

「最近のサッカーは戦術重視になってきてるけど、最後はアイディア勝負だって思うんですよ。ドリブルであったり、ワンツーであったり、意表を衝くプレーであったり。だから、対戦相手がどんなサッカーをするのかが分かってきたら、自分の特徴を出せるようなポジションでやっていきたいとも思っていた。韓国には自分みたいな選手はいないんだから、そういう意味でのチャンスは必ずある。どうやって見せ場を作ってやろうって考えるのは、やっぱり楽しいですから」

しかし、前園にとってのささやかな冒険も、趙広来監督には受け入れ難いものだったようである。7月9日のリーグ20節から、前園の名前はメンバーリストに載らなくなってしまった。

安養での2003年シーズンを終えた前園には、Jリーグの複数クラブから興味を示した。アルビレックス新潟、ヴィッセル神戸、ヴァンフォーレ甲府の名前が新聞紙上を賑わせたが、思わぬところからもオファーが届いた。

「04年から仁川《インチョン》ユナイテッドというチームが新しくできることになって、札幌の監督だった張外龍さんが監督になるっていう。日本のサッカーを知ってる人だし、日本語もペラペラだし、それに新しくできるチームに加わるというのも興味があったから、もう1年韓国でやってみようと」

ヴェルディやコンサドーレ札幌を率いた張外龍《チョンウェリョン》監督も、トレーニングは典型的な韓国式だった。しかし、安養でのハードなトレーニングが免疫となり、「まあ、こういうものだろうな」と消化することができた。

13チームが1回戦総当たりで争う前期リーグは、2勝3分け7敗の最下位に終わった。土台作りからスタートしていたチームは、結成数か月でリーグ戦を戦うには準備不足だった。「最初のうちは、メチャクチャだったなあ」と、前園自身も苦笑いするほどである。

「トルコ代表のアルパイは、前期リーグが終わったところでレッズへ移籍するんですよ。Jリーグに行きたかったみたいで、『お前も一緒に行こう』なんて言われたけど。07年シーズンに甲府にいたラドンチッチもチームメイト。すごいヤツが来るって話だったんだけど、甲府でのプレーと同じで、あまり活躍できていなかった。元セレッソのマニッチもいて、彼はケガであまり出場できなかったけど、経験のあるいい選手だった」

前園はK1の13チームが総当たりで争うカップ戦を中心に起用され、8月1日のFCソウル戦でPKによる決勝ゴールをゲットしている。韓国における公式戦初得点だ。

この試合には後日談がある。

「右足の薬指にヒビが入ったまま、ずっと試合に出てたんですよ。監督に使われてたから、無理して。しかもこの試合は古巣相手でしょ、絶対に勝ちたかった。自分のゴールで勝ったところまでは良かったんだけど、試合が終わったら痛みがひどくて。でも、このカップ戦は中3日間ペースだったから、次の試合もその次の試合も出たんだけど、痛みはひどくなる一方で。これはもう無理だということで日本で検査をしてたら、骨折していると」

痛みをこらえてピッチに立った代償は、3か月以上の戦線離脱だった。後期リーグは8月29日に開幕したが、前園の出場は11月3日の第9節まで待たねばならなかった。

シーズンを締めくくるFAカップで1回戦敗退を喫していたため、仁川の2004年シーズンは後期リーグ終了とともに幕を閉じた。同時に、前園の韓国でのキャリアも終わりを告げることになる。

第7章

たったひとりの引退

Kリーグの仁川ユナイテッド退団が報じられて以降、前園の消息はぷっつりと途絶えていた。Kリーグの他チームへの移籍も、Jリーグ復帰も報じられなかった。

他ならぬ前園自身、自らの去就を定められずにいた。

「Kリーグであと1年やるというのは、ほぼ考えてなかったですね。外国人選手として目立った活躍をしたわけじゃないし、仁川も残ってくれという感じではなかったし。2年やったことで、『韓国に残りたい』という強い気持ちもなかった。それで……」

1973年生まれの前園は、すでに30歳を過ぎていた。10月には32歳になる。

プロになってから初めて、年齢というものについて考えた。

「それまでは、現役でやり続けるためにはどうしたらいいんだろう、というスタンスに立っていた。ギマラエスやサロニカにいたときはホントにキツかったし、毎日っていうぐらい悩んでた。練習が終わってホテルとかマンションでひとりになると、『この先、どうなるんだろう』って不安になる。でも、翌日またグラウンドに行くと、『まだ、できるな』と思う。そういうアップダウンの繰り返しだったんだけど、仁川でのシーズンが終わる頃に初めて、『もし現役をやめたら、自分はどういうことをやっていけばいいんだろう』とか、『何ができるんだろう』って考えるようになったんだ」

サントス移籍に始まる6年間は、絶望や恐怖を懸命になって潜り抜けてきた日々だった。

直面したいくつかの困難は彼自身にも問題があったが、キャリアの終わりを予感させるものではなかったと言っていい。どれほど残酷な仕打ちを受けても、猛烈な孤独に襲われても、いつも、わずかな光を見出すことができた。

それが、変わりつつあった。

「仁川のチームメイトだったマニッチとかラドンチッチから、セルビアのサッカーについて色々と聞いていたんです。とくにマニッチとは、すごく仲が良かったというのもあって。そういうタイミングで日本の知り合いから、セルビアのチームの話が出てきた」

セルビア共和国の首都ベオグラードに本拠地を構えるOFKベオグラードなら、練習参加の橋渡しができるという。ドイツ・ブンデスリーガの関係者を知己に持つこの人物は、ベオグラードでのトライアルに備えてヴェルダー・ブレーメンで練習できる手配も整えてくれた。

久しぶりに日本の桜を満喫した4月上旬、前園はドイツへ向かった。6月に契約を結ぶことを前提としたものだった。

「ブレーメンのサテライトで、10日間ぐらいかな、トレーニングをして、それからベオグラードへ行ったんです」

現地ではゼムノビッチ・ズドラヴコがサポートをしてくれた。2001年から2シーズンにわたって清水エスパルスを率い、現在は千葉県サッカー協会のテクニカルアドバイザーの職にある

54歳だ。2002年シーズン終了とともにエスパルスを離れ、祖国のベオグラードに滞在していた通称『ゼムさん』は、前園に快く手を差し伸べてくれた。

「ゾノくんのことは、エスパルスの監督をするまえから知っていましたから、できることは全部してあげようと思いましたよ。アトランタ五輪代表やフリューゲルスでプレーしていた彼は、本当に素晴らしい選手だったからね。当時の彼は、日本のトップと言ってもいい選手だったでしょう」

ＯＦＫベオグラードを率いるのは、バビチ・ブランコだった。2000年にＪ2の水戸ホーリーホックで采配をふり、ゼムノビッチの右腕としてエスパルスのアシスタントコーチも務めた人物である。入団テストを受けるチームの監督が、Ｊリーグで仕事をしていた――前園にとっては、予期せぬ幸運だったと言ってもいい。

ところが、バビチは前園を知らなかった。バビチがホーリーホックのベンチに座っていた2000年シーズン、前園は同じＪ2のベルマーレでプレーしている。4度の直接対決すべてに出場し、そのうち2試合でゴールを決めていた。

それにもかかわらず、バビッチは前園を覚えていなかった。ゼムノビッチが言う。

「知ってるかい、と聞いたら、『知らない』と言っていた。バビッチが日本にいたのは00年から。ゾノくんのいい時期ではなかったからなのかな……」

宿泊施設はチームが提供してくれた。練習場から徒歩5分ほどのところにある、若手選手のために用意されたマンションだった。

テレビとベッドが置いてあるだけの殺風景な部屋は、アルゼンチンやブラジルの選手寮を思いおこさせた。衛星放送やケーブル放送に加入していないテレビは、セルビア語のチャンネルしか受信できなかった。サッカーと天気予報くらいしか観なかった。インターネット環境など、望めるはずもない。ひとりで考え込む時間が増えた。

契約を前提とした練習参加とはいえ、宿泊代は自己負担だった。1か月ほどの滞在で、日本円にしておよそ40万円の出費となった。

昼食は練習場に隣接するレストランで済ませ、夕食はゼムノビッチの自宅でご馳走になることが多かった。マンションから真っ直ぐに伸びた一本道を、ゼムノビッチの自宅まで片道30分ほどかけて往復する。治安についてはあらかじめ確認していたので、夜の外出でも身の危険を感じることはなかった。大きなスクリーンのあるスポーツバーへ二人で出かけ、佳境を迎えたチャンピオンズリーグをテレビ観戦したこともあった。

「ゼムさんには、向こうのサッカー環境について聞かせてもらいましたよ。そんなことがあるの、と思ったのは、チャンピオンズリーグの予備戦に出られるチームっていうのは、最初から決まってるって言うんですよ。レッドスターかパルチザンになるんだって」

同じベオグラードをホームタウンとするOFKの位置づけは、レッドスターとパルチザンの2強を追いかける第2グループというところだった。

「監督とかコーチには、ゼムさんがちょっとしたインフォメーションをしてくれてたみたいだけど、選手はたぶん、僕のことは知らなかったと思う。『日本人のお前が、なんでこんなところまで来てるんだ』っていう雰囲気は、たぶんあっただろうね。でも、それはどこに行ってもあるものだから。そのへんはもう、慣れっこになってたから気にならなかったな」

ヒムナシアへの留学から数えれば、練習に参加した海外クラブは10に迫ろうとしていた。どうすればチームメイトに認められるのかは、もう十分に分かっていた。

自分のプレーを少しずつ、確実に見せていく。できることをアピールする。遠慮をしているうちは、誰も認めてくれない。グラウンドでは図々しいぐらいがちょうどいいのだ。

セルビア語はほとんど話せないし、英語も決して得意ではないが、プレーをしていくうえでの大きな障害にはならなかった。ボディランゲージを駆使して意思を伝える作業は、ゴイアスへ移籍したあたりから習慣化していたことだった。

前園は考えていた。練習期間が1か月と決められていても、計算できる戦力と判断されればチームはそれ以前に獲得へ動くはずだ、と。日本でもブラジルでも、有望なテスト生は早々に契約を勝ち取っていた。そんな選手を何人も見てきた。

では、ＯＦＫベオグラードでの自分はどうか。

悪くない手応えをつかんでいた。

「練習に参加してみて、『できるな』っていう感覚はありました。このなかだったらやれる、と」

ところが、チームの首脳陣はなかなか契約について切り出してこない。ズルズルと結論を引き延ばされているような印象があった。

「自分としてはいい感触があるのに、契約の話が進まない。昔の自分ならあり得ないことです。ということは、そういう可能性がないのかな、と考えるようになっていた。ただ、とにかく練習試合をやるまでは残ろう、と思っていたんです。一度はゲームをやって、それで判断してもらおうと」

１か月のほぼ最後に設定された練習試合は、レッドスター・ベオグラード戦だった。クラブワールドカップの前身となるトヨタカップで、世界チャンピオンに輝いたこともある強豪である。実力をアピールするには、これ以上ない相手だ。

練習試合を翌日に控えた夜、前園とゼムノビッチはいつものように夕食のテーブルを囲んでいた。いつもとは少し雰囲気が違うようだ、とゼムノビッチは感じていた。

「ゾノくんがなぜベオグラードに来たのかは聞かなかったけれど、正直に言えば、『なんでこんなところへ来たんだろう』と思っていました。セルビアの場合、有望な選手はほとんど海外でプレーしているから、はっきり言ってリーグのレベルは低い。レッドスターかパルチザンに入るなら、そこから他のヨーロッパのクラブへ移籍する道も開けてくるでしょう。でも、ＯＦＫベオグラードでは、そういうことは望めない。若い選手を安く買って、高く売るというクラブですから。彼ほどの実績を持った選手には、ふさわしくないクラブだったと思います」

だからといって、そこまで前園に伝えるのは躊躇があった。

薄暗い寮でたったひとり過ごしながら、黙々と練習に参加しているのである。相当な決意や覚悟がなければ、できるものではない。自分の意見を押しつけたりせずに、何か聞かれたら誠実に答えよう、とゼムノビッチは考えていたのだった。

コーヒーを口に運んでいた前園が、ふいに聞いてきた。

「ゼムさんは、いつ、現役をやめたんですか？」

ゼムノビッチは32歳で現役を退いている。そのままサッカーを続けても、実力を保つのは難しかった。リザーブに回らなければいけないかもしれなかった。スピードは落ちていたし、モチベーションを見つけるのも難しくなっていた。そろそろ新しいチャレンジをするべきだと考えたんだ、という話をした。

前園は何度か頷きながら耳を傾け、「そうだったんですか」と呟いた。

「で、ゾノくんはどうなの？」と聞いてみた。できるだけ、さりげなく。

マンションの自室からスタジアムが見えるんだけど、ついこの間の試合で、お客さんがほとんど入らないことにびっくりした、と前園は話した。「1時間前になっても、まだガラガラだったから。ホントに今日、試合があるのかと思いましたよ」と笑っていた。

レッドスターとの練習試合に、前園は先発で起用された。序盤から積極的にボールに絡んだ。45分だけの出場とあらかじめ言われていたこともあったが、久しぶりの実戦とは思えないほど試合の流れをつかむことができた。

「前半だけの出場だったんだけど、すごく楽しかったんだよね。相手はたぶん一軍半ぐらいのメンバーだったんだけど、体格の大きな選手のなかでも自分らしいプレーができて」

前半終了とともにクールダウンをしていると、バビチに呼ばれた。

「いいプレーだった。それで、あと1週間だけ残ってくれるか?」

前園は返答に詰まった。

あと1週間ここにいたとして、今日と違う自分を見せられるか? 変化があるとしたら、コンディションがもう少し上がるくらいだ。パフォーマンスが劇的に変わることはない。

そもそも自分は、ユースから上がってきたばかりの若手選手じゃない。プレースタイルはすでに固まっている。できること、できないことは、この1か月で見せてきたはずだ。

それでもなお、1週間の追試を必要とするというのか？

前園のなかで、緊張の糸が切れた。

「練習試合が終わった瞬間に、『これで契約の話がまとまらなかったら、もうしょうがないな』って、自分のなかで納得してたんですよ。どこかで決断しなきゃいけないというのは、ベオグラードに来てからずっと考えていたことだった。だから、監督には『考えさせて下さい』って返事をしたけど、その時点で答えは出ていたんだ」

前園はゼムノビッチに自分の決断を報告した。ゼムノビッチによれば、試合の翌日だったはずである。

「一緒にコーヒーを飲んでいるときに、『ゼムさん、オレ、決めました。もうサッカーをやめます』って言ったんですよ」

驚きがなかった、と言えば嘘になる。それでも、いい決断だとゼムノビッチは思った。

「レッドスターとの試合のゾノくんは、すごくいいプレーをしていたと思います。長身選手の多いセルビアのリーグでは、彼のように小さくてすばしっこい選手が活躍できる。もしOFKと契約したら、かなり高い確率で成功できたでしょう。実力的にはまったく問題なかった。ただ、個人的にはここにとどまるのは彼のためにならない、と思っていました。それよりも、サッカー人生を一度区切って、100パーセント前向きな状態で違う仕事を始めるほうが、中途半端に現役を続けるよりもいいと思っていました。もしあのままベオグラードでプレーしていても、以前のゾノくんには戻らなかったでしょうし」

練習試合の翌日には、帰国の準備を始めた。航空チケットの変更などの雑務は、ゼムノビッチの妻も協力してくれた。空港にはゼムノビッチが車で送ってくれた。

「OFKがゾノくんを必要としていたかどうかは、私には分かりません。ただ、私が彼を空港まで送っていったと伝えると、『どうして帰ってしまったんだ？』と言っていました。クラブはゾノくんに伝えた1週間で、契約するかしないかを考えるつもりだったみたいでした」

ベオグラードからアムステルダムを経由し、前園は5月19日に日本へ戻った。帰国を待つマスコミ関係者は、ひとりもいなかった。

すぐにサッカー協会の広報部へ電話をした。かつてフリューゲルスのフロントに在籍していた広報部長に、「川淵キャプテンに挨拶に行きたいんですが、時間を取ってもらえますか？」とお願いをする。「どうした、急に？」という先方の言葉を遮るように、前園は続けた。第三者への初めての意思表示だった。

「現役引退を決めたので、キャプテンに挨拶にうかがいたいんです」

アトランタ五輪代表キャプテンの引退を、中田はイタリアで知った。

インターネットのニュースで読んだのか、誰かに聞いたのかは覚えていないが、本人から教えられたわけではなかった。中田からも、連絡は取らなかった。

「えっ、という感じはなかったですね。『あ、そうなんだ』と。それはだって、自分もそうだし。たとえば、大きな事故に遭ってケガをして、それでやめることになったとか、そういうことじゃないわけで。だったら自分の感覚的なものだろうから、それはやっぱり僕だって常日頃から考えていたわけで。たぶん、やめると決めるまでの数か月、数年間、考えていたはず。僕自身、そうだったし。だから別にそこに、驚きも確信も何もないですね。周りがあれこれ考えてもしょうがないし。それを受け入れるだけでした。来るべきときが来た、ということで。選手をやっていくなかでの、流れのひとつであって。逆に言うと、特別なことではなく誰もが決断しなければならないわけで。だから、わざわざ連絡をしなくても、次に会ったときに食事にでも行って、ゆっくり話をすればいいことであって」

寂しさとともに納得をしたのは松原である。引退報道に触れてすぐに、前園へ電話をしたはずだと記憶している。

「移籍するのって、本当にパワーがいるんですよ。身体ひとつあればいい、というわけじゃない。こんな僕でもプライドはありましたから、テストを受けて入るのと、テストしないでそのまま入るっていうのは、全然違いますから。そういう交渉事がだんだん分かってきて、自分をさらけ出せるようになったときは、スッキリしましたけどね。とはいっても、葛藤はずっと付きまとうもので、ゾノが移籍に費やしてきたパワーっていうのは、本当にすごいものがあると思いますよ。消耗度はすごかったと思う」

中田や松原だけではない。前園は誰にも相談をせず、あえて報告もしなかった。

たったひとりの例外は、鹿児島に住む母親だった。

「ちょっと寂しそうだったけど、自分で決めたんならそうしなさいって。やっぱりね、日本国内でプレーしているところを最後に見せてあげたかった、という気持ちはあったかな。韓国に行ってからは、そういう機会がなかったし。でも、事前に相談したら自分の考えがぶれちゃうのは分かってたから、やめるって決めてから報告したんですよ」

選手としての〈残り火〉のようなものは、なかったのだろうか。燃え尽きたからこその、引退という決断だったのか。

「残り火っていうのは、たぶん消えないものだと思う。現役でやっていこうという気持ちのなかの火が、以前より小さく、細くなったのは確かだった。技術的な部分もあるけど、現役にこだわってやってきた自分から、何かが抜け落ちたというか。たぶんそれは、気持ちの部分だろうね。引退してからの自分について考えるなんて、ポルトガルでもギリシャでもなかったことだから。ろうそくが消えるように少しずつ、精神的な張りが消えていった。それがなければ、あちこち行くのは慣れてたわけだから、『ベオグラードがダメなら次だ』とか、『J1がダメならJ2でも、JFLでもチームを探さなきゃ』ってすぐに動いたと思う。そういう気持ちにならなかったということは、どこかで気持ちがすり減ってたんじゃないかなと思うんだ。チームを探すことには慣れたけど、もう、これ以上はできなかった」

前園だからこそ持ちうる野心も、すでに消えていたのだろうか。自分を批判した人間、離れていった人間を、見返してやりたいという反骨のパワーは。

「それはもう、なかったですね。別に人を見返すためにサッカーをやるわけじゃないから。もちろん、そういう思いが強かった時期はありますよ。こいつらを黙らせてやろうと思ったことなんて、数えきれないですよ。でも、自分はサッカーが好きだからやっているわけで、もっともっと楽しみたかったというほうが大きかったと思う」

第三者からすれば、「山」ではなく「谷」のほうが多かったキャリアである。

22歳で辿り着いたアトランタ五輪という頂《いただき》は、結局のところ彼にとっての最盛期になってしまった。まばゆいばかりの才能は、ついに覚醒しないまま封印されてしまった。1994年のアジア大会やアトランタ五輪代表でのプレーは文句なしに素晴らしかったが、キャリアのピークとなるべき瞬間ではなかったはずである。

「でも、不思議と後悔みたいな思いはないんですよ。普通じゃなかなかできない経験の連続だったというか、色々なところへ行ったことで、サッカーの色々な部分が見えたというのはすごくある。その時々では嫌な思いもした。まあ、でも、そういう道を自分で歩んできたわけだから。もちろん、いい形で海外へ行けてたらって思ったりもしたけれど。戻りたい瞬間があるとしたら、あのセビージャへの移籍のところだなあ。移籍できてもうまくいったかどうかは分からないけど、行ってダメだったとしても、満……足じゃなくて、納得はできたと思うんだ。何ができて、何ができないかを認識して、日本に戻ってまた出直すっていうことになったかもしれないし」

ギマラエス入りを目ざしてスペインでトレーニングに励んだ2000年には、レアル・マドリーの本拠地サンチャゴ・ベルナベウで、リーガ・エスパニョーラを観戦している。かつて目ざしたステージは、想像していたとおりにまぶしかった。

「ここかあ、と思いましたよ。あのとき移籍してたら、オレもここでやったのかもしれないんだあって」

同時に、セビージャ移籍を模索した数か月は、戻りたくない瞬間でもある。

オリンピックをきっかけにもてはやされ、移籍交渉のこじれとともにバッシングされる。年俸をつり上げたい気持ちなどこれっぽっちもなかったのに、新聞には「銭闘」と書かれた。23歳になったばかりの青年には、処理しきれない環境の激変だった。

「あの頃から、孤独を感じるようになったんだよね。いきなり人が集まってきて、さっーと引いていって。同じような苦しみみたいなものを味わいたくないから、人と接するのも、本音を話すのも避けるようになった」

そのなかには、マネジメント事務所『サニーサイドアップ』も含まれていたはずだ。

「サニーの人たちとも話はするけど、でもやっぱり、サッカーの本質のところは分からないじゃない？　専門外のところだから。性格的にも誰かに何かを相談するより、自分で決めないと嫌なタイプだから。アドバイスをもらって考える、ということはあまりしなかったんだよね」

本心を隠しているわけではないだろう。

しかし、苦しいときこそサポートしてほしいと思うのも、当時の真意ではなかっただろうか。1993年5月から続いていたサニーサイドアップとのマネジメント契約は、Kリーグ入りとともに一度は打ち切られている。

「ない、とは言えないね。なんでサポートしてくれない？　と思うことはあった。だけど、選手としての僕が結果を出していかないと、事務所としても僕をうまく使えない。調子が悪いクセにあちこちに露出したら、それこそ『前園はサッカーを忘れて調子に乗ってる』ってことになるし、『あそこの事務所は何を考えてるんだ』ってことになる。マスコミはいいときしか持ち上げないでしょ。それは経験として理解していったことなんだ。だから、『なんでだよ』って事務所に押しつけることもできたけど、『この状況じゃ、それもしょうがないな』っていう気持ちもあった。

テレビのコマーシャルに出たからうまくいかなくなったとか、そういうふうに考えたことはないんですよ」

事務所のスタッフに、負担をかけたくないという思いもあった。

「仕事のうえでの事務所との接点が減っていく過程で、僕のほうから距離をとるようになったっていうのはあったよね。変に気を遣われたくないっていうのもあって。それで、向こうもどうやって接していいのか分からなくなったんじゃないかな。ブラジルへ移籍していたときなんかは、物理的な距離もあったし。時差の関係で、すぐに連絡を取り合えるような環境ではなかったから」

Ｊ１で１９１試合に出場して34得点をあげ、Ｊ２では38試合出場で11ゴールという記録を残した。出場試合数も得点も、歴代ランキングの上位に食い込むものではない。Ｊリーグでのキャリアは、２００１年を最後に止まったままだった。獲得した個人タイトルは、１９９６年のＪリーグベストイレブン受賞のみである。

日本代表では１９９４年から１９９７年にかけて19試合に出場し、４ゴールをあげるにとどまった。１９９４年のアジア大会と１９９６年のアジアカップが、国際舞台に残した数少ない足跡である。言うまでもなく、ワールドカップ出場は叶わなかった。

前園と同い年の小倉は、国内5チーム目となるJ2のヴァンフォーレ甲府で現役最後のシーズンを過ごしていた。城もJ2の横浜FCでプレーしていた。

前園の引退発表からおよそ2週間後、バンコク（タイ）からドイツワールドカップアジア最終予選突破のニュースが届く。朝鮮民主主義人民共和国との無観客試合を制した日本は、世界でもっとも早い予選突破国となった。

チームの中心層は、2000年のシドニー五輪代表となっていた。アトランタ五輪を知るのは、中田、川口、田中誠（ジュビロ磐田）の3人だけだった。

第8章

運命を変えた〝選択〟

あの日、あのとき、あの瞬間に、前園は何を考えていたのか。

彼自身の言葉で振り返る13年のキャリアには、どこか不幸なイメージが付きまとう。時代に翻弄された犠牲者、とでも言うべきイメージが。

前園がスペイン移籍を模索した1996年には、国外移籍のモデルケースが乏しかった。Jリーグでプレーする日本人選手の海外移籍は、1994年にカズがヴェルディ川崎からセリエAのジェノアへ移籍した一例のみである。それも、1シーズン後の復帰が決まっていた期限付き移籍だった。

期限付き移籍は1994年から導入されていたものの、日本における移籍は「日本人選手を国外へ売る」ものではなく、「ブラジルやドイツから外国人を買ってくる」行為にほぼ集約されていたと言っていいだろう。Jリーグの各クラブが外国人選手の獲得にいまより高額を費やしていた一方で、世界のサッカー界における日本人の市場価値はひどく漠然としていた。

「一般論で言うと、移籍についての折り合いがつかなかったというのは、フリューゲルスが悪いわけでも、セビージャが悪いわけでもなく、価値判断が定かでなかったということだと思います。折り合いをつけるためにどういった努力がなされたのかは分かりませんが、現実的に移籍へ結びつかなかったということについては、どちらも責められないと思います」

こう語るのは、日本サッカー協会認定選手エージェントで株式会社ジェブエンターテイメントの田邊伸明だ。Ｊリーグ開幕前の１９９１年から選手のマネジメント業務に携わっている田邊は、稲本潤一、中田浩二、松井大輔らの海外移籍を実現させてきた敏腕エージェントである。

「もうひとつ付け加えると、95年から96年あたりというのは、ヨーロッパの移籍ルール、つまりボスマン判決に基づくルールが過渡期にあたるところ。ヨーロッパのなかでも様々な議論がなされているときでした。一方、当時の日本では、サッカー以外の要因がきっかけで海外へ移籍するケースが普通という状況でした。08年のいまなら、もっと色々な方法があると思います。ですが、そういう土壌がなかったというのも事実です」

いずれにしても、と田邊は続ける。

「厳しいことを言うようですが、本当にセビージャが前園くんを欲しかったのであれば、３億でも４億でも払うはずなんです。極端に言えば、10億円でも両者が納得すればいい。それを払えないということは、そこまでの価値はないとセビージャが判断したということ。『だから、今回は諦めなさい』と、僕なら言いますね。フリューゲルスの要求した金額が法外だったかどうかという議論ではなく、根本的なところに立ち返れば、３億でも４億でも、戦力として必要なら払うわけですから」

Ｊリーグ開幕から15年目を迎えた現在、６月30日で満了となる契約を結ぶＪリーガーが増えている。欧州の移籍市場のカレンダーに合わせたもので、海外移籍のハードルとなる移籍金が発生しないようにするためである。いわゆる『フリートランスファー』を意識したものだ。

補強予算をできるだけ抑えたい中堅クラブにとって、フリートランスファーの選手は手を伸ばしやすい〝商品〟と言うことができる。海外進出への障害が取り除かれることになるから、日本人選手にとってもメリットは大きい。

2005年に鹿島からマルセイユへ移籍した中田浩二はフリートランスファーだったし、最近では長谷部誠、水野晃樹、本田圭佑らも同様のパターンで海外進出を果たしている。今夏の欧州市場で言えば、前アーセナルのマシュー・フラミニやイェンス・レーマン、チェコ代表のトマシュ・ウイファルシらが、フリートランスファーによる移籍である。

Jリーグ開幕から数年しか経っていない日本では、こうした概念がほぼ存在していなかった。移籍に関する数少ないルールだった移籍係数も、プロ野球の巨人のようなチームを作らないための引き抜き防止の意味合いが強かった。

田邊が説明するように、欧州においてもボスマン裁定を下敷きにしたルール作りが急がれていたタイミングである。前園の代理人交渉がスポーツ紙の一面を飾るほどのニュースバリューを持っていたことを考えても、Jリーガーのヨーロッパ移籍がどれほど難しかったのかが分かるはずだ。

前園側にも責任はなかっただろうか。

移籍交渉が暗礁に乗り上げたことで、前園はフリューゲルスへの信頼感を一気に喪失してしまった。セビージャ以外のオファーを伏せておいたクラブの対応は責められるべきだが、「憧れだったスペインへ行きたい」とか「海外でさらにうまくなりたい」という気持ちを、一時的にでも封印するべきだったかもしれない。どうにかして、気持ちを切り替えるべきだったのだ。

その頃の前園の心情を説明すると、田邊は「よく分かりますよ」と頷いた。当時の前園と現在の選手を簡単に比較することはできないが、田邊は次のように分析している。

「僕自身も、『とにかく海外へ行きたい』という選手の声をよく聞きますし、何かをきっかけにメンタル的に落ちてしまって、切り替えられない選手も見てきました。そういう選手というのは、小さい頃から本当に純粋にサッカーをやってきて、楽しくてしかたのなかったサッカーが、いつの頃からか仕事になっているわけです。それで、サッカーへの向き合い方を切り替えられていないことが多い。でも、サッカーが楽しくなくてもチームになじめなくても、とにかく結果を残さなければいけない。プロになった以上、彼らにとってのサッカーは仕事なんですから。プロ選手になるということはどういうことなのか、どんな責任が生まれてくるのかということを、誰かが教えてあげる必要があったと思います」

Jリーグのクラブも企業であり、企業で働く人間に何が求められるのかは、社会人として知っておかなければいけない常識である。Jリーガーのなかにも、第三者のアドバイスを受けずに『プロ』というものを理解していく選手はいる。

しかし、開幕直後のJリーグは、「選手が勘違いをしやすい」環境だったのは否めない。

田邊はほんの少し声を荒らげた。

「前園くんがJリーグに入団した当時は、C契約でいくら、B契約でいくらといった現行の契約条件ではなかった。20代そこそこで何千万もの年俸をもらったりしたら、勘違いをする選手が出てきてもおかしくない。それに対してのケアもなかった。プロなんだからと言うけれど、『プロはこうあるべきだ』ということを、いったい誰が教えていたのかと言いたいです。Jリーグの新人研修も、当時はなかったですし」

Jリーグと Jリーグ選手協会が共同開催する『Jリーグ新人研修』は、1997年2月のプレシーズンから始まっている。プロと言えばすなわち野球選手であり、一部の野球選手の豪遊ぶりが武勇伝として喧伝されていたなかで、Jリーガーが同じような生活に憧れを抱いても不思議でなかっただろう。

日本リーグ時代を知る20代後半や30代の選手でさえ、Jリーグ開幕前後の環境の変化には戸惑ったというのである。鹿児島から横浜へやってきた青年に、プロの世界が眩しく映ったのは想像に難くない。

国内外で活躍する25人のプロ選手をクライアントに持つ田邊は、経歴を見れば選手が何を考えているのかがだいたいつかめるという。キャリアの岐路に立った際の判断基準は、自分のキャリアをきちんとデザインできているかどうかに関わってくるというのだ。

「うちの会社の仕事って、移籍先を決めることとか海外へ移籍させることばかりが注目されるけれど、どちらかと言うとそれは手法、方法であって、10年なら10年先にその選手がどうなっていたいのか、が先にあるんです。10年後の目標から逆算して、9年後はこう、8年後はこう……と。普通の会社と同じですよね。中期目標と長期目標を明確にして、じゃあ、いまどうするかというのを選手と一緒に考えていく。前園くんのキャリアを振り返ると、僕はそこが気になるんですよ。セビージャの提示した移籍金が正当かどうか、フリューゲルスの要求が正当だったのかというよりも、なぜヴェルディへ移籍したのかが」

田邊の指摘は正鵠《せいこく》を射ている。前園がヴェルディへ移籍した理由は、「フリューゲルスには残れない」という感情に起因していた。ヴェルディ入りは、セビージャ移籍のように熱望したうえでの移籍ではなかった。ヴェルディが海外移籍を容認していたとはいえ、フリューゲルスへの拒絶反応がユニホームを変える大きな要因となったのは間違いない。

「稲本がトルコのガラタサライへ移籍したでしょう？　ガラタサライとは1年契約でしたから、

1年後にはフリーになる。トルコのトップ3のクラブの試合は、ほぼ例外なくドイツで放送される。トルコのあとは絶対にドイツ。ですから、移籍した瞬間からうちの会社として、ドイツのクラブにセールスをしていたわけです」

1996年オフの前園の選択を、もう一度整理してみる。

なぜ彼は、フリューゲルスを出なければならなかったのか。フリューゲルスに不満があったのであれば、それは話し合いで妥協点を見出せないものだったのか。

フリューゲルスではなくヴェルディを選ぶ理由は何だったのか。ヴェルディへ移籍したあとは、どのようなサッカー人生を歩んで行くつもりだったのか。いくつもの「なぜ」があり、そこに論理的な答えは見当たらない。

移籍を決断するのであれば、そこまで考えるべきだったと田邊は指摘する。

「たとえば、フリューゲルスにあと1年残るという選択肢はあったでしょう。あるいは、97年の6月まで契約をして、ヨーロッパのシーズンオフに移籍を目ざすこともできたはず。期限付き移籍だって、検討することはできたと思う。もし僕が代理人をやっていたとしたら、『フリューゲルスに残って、もう一度チャンスを待て』と間違いなく言ったでしょうね。移籍をすればするほど、背負うものは大きくなっていきますから」

ヴェルディが前園の獲得に費やした金額は、2億5000万とも3億5000万円とも報道された。フリューゲルスは大幅な減額をのんだということになっているから、おそらくは2億円から2億5000万円あたりで落ち着いたはずである。

J1、J2のほぼ全クラブと交渉や話し合いを重ねている田邊によれば、「Jリーグのクラブは、基本的に移籍金を3年で減価償却するケースが多く」、この考え方が基本的なスタンスになっているという。前園を獲得したヴェルディには、少なくとも2シーズンは働いてもらうという見込みがあったはずだ。そうやって考えると、移籍2年目の1999年に浮上したギマラエスへの完全移籍に際して、1億円の移籍金を要求したのも説明がつく。

選手側にしてみれば、「戦力として考えていないなら、出してくれてもいいじゃないか」という思いは強かっただろう。しかし、あまりに安価で売りさばいたら、クラブの首脳陣は自らの計算違いを認めてしまうことになる。

ヴェルディの設定した移籍金に縛られた前園は犠牲者だったと言うことができるが、巨額の移籍金が動く意味をそこまで理解していなかった前園側にも非はある。

田邊にはどちらの論理も理解できるという。

「チームから出たいと言う選手は、僕のクライアントにもいます。でも、代理人の立場からすると、何も聞かずに『はい、そうですか』とは絶対に言えない。なぜ移籍したいのかを話し合ったうえで、最終的な結論へ持っていかないと。そういうことを、彼に話してあげる誰かがいなかったんだろうなと思うんです」

前園にとっての「誰か」は、『サニーサイドアップ』のスタッフだろう。個人を特定するならば、前園が「悦ねえ」と慕っていた次原悦子社長になるだろうか。前園をサッカー選手の枠組を越えた〝ブランド〟として発表していく一方で、サニーサイドアップはサッカー選手としての彼をサポートしきれなかった。

もちろん、次原や彼女のスタッフが一方的に悪いわけではないだろう。アトランタ五輪前後の爆発的な勢いを考えれば、サニーサイドアップと出会わなかったとしても、違うマネジメント事務所が前園に触手を伸ばしていたはずである。サニーサイドアップがベストの選択だったかどうかを論じるのは、仮説のうえに仮説を積み上げていくようなものだ。

少なくとも前園自身は、サニーサイドアップに所属したことと自らのキャリアを、直接的に結びつけていない。次原にしても、前園のキャリアを削り取るために宣伝活動をしたわけではなかっただろう。「ヒデが成功すればするほど、ゾノのことが気になって……」と、次原は近しい人間にこぼしていたという。

田邊のもとにも次原から電話がかかってきた。田邊自身も前園とは顔見知りで、ひとりのサッカー選手としても気になる存在だったから、できる限りのサポートをしてきた。

「事務所のなかにサッカーの話ができる人は基本的にいない、と言う人もいる。でも、それもまたサニーサイドアップのいいところだと、僕は考えていた。サッカーとは距離があることで、逆に客観性を持てますから。いずれにしても、前園くんにそういうことを言ってあげられる人がいなかったんじゃないかなあ、と僕は思うんです」

ゾノってどんなヒト？

かつてのチームメイトや彼に近しい人間に聞くと、ほぼ例外なくこんな答えが返ってくる。

「すごく優しいヤツですよ」

現役時代の彼にエゴを感じたことのある人間にしても、「基本的には、優しいヤツなんですよ」と言う。前園自身の自己分析はこうなる。

「周りの空気を気にする自分の性格が、嫌になることもあるんだ。でも、やっぱり考えちゃうんだよね。気を遣っちゃうというか」

もし、１９９７年のヴェルディが、Ｊリーグ開幕当初のような黄金期にあったら。

前園のキャリアは、おそらく違ったものになっていたかもしれない。

好調なチームのなかで限られた出場機会しか与えられなかったとしても、チームが勝っている限りは前園に勝敗の責任が及ぶことはない。トップフォームを取り戻すために自分を鍛え直す、精神的な余裕を持つことはできたはずだ。周囲に気を遣う彼の性格が、マイナスに働く場面は少なかっただろう。

性格的に「優しい」のではなく、「弱い」のではないかという意見があるかもしれない。「プロとしては甘い」という指摘もあるだろう。ヴェルディで自分を押し通すくらいの精神的な強さがなかったのだから、日本人以上に自己主張の激しいスペインでは、おそらく通用しなかったという考え方は成立する。

いずれにしても、すでに前園はキャリアに終止符を打っている。優しい人間なのか、甘い人間なのか。自業自得のキャリアなのか、誰かに書き換えられてしまったのか。そのすべては、いまとなってはあまり重要でない。

ひとつだけ確かなのは、前園真聖というプレーヤーは、あらゆる意味で混迷する時代の象徴だったということだ。

若くしてトップスターとなり、自分を見失った末に転落した、というありきたりの人物像にあてはめるのは簡単である。

前園の13年を、本当にそれだけで片づけていいものだろうか。

もし、ハンス・オフト率いる日本代表がアメリカワールドカップに出場していたら。

カズや井原正巳には、海外クラブからのオファーが届いていたかもしれない。彼らの移籍交渉がケーススタディとなり、フリューゲルスとセビージャの交渉がスムーズに運んだかもしれない。1994年のワールドカップを日本サッカー界が経験していれば、1996年のアトランタ五輪出場があそこまで騒がれなかった可能性はある。

しかし、オフトのチームはワールドカップ出場を逃した。ワールドカップをきっかけに、海外へ飛び出す選手は生まれなかった。

〝ドーハの悲劇〟を味わった日本サッカー界にとって、28年ぶりの五輪出場は文字どおりの悲願だった。長く待ち望んだ国際舞台だった。2002年の日韓ワールドカップの招致合戦を展開していた意味でも、Jリーグのバブルが弾けつつあったことを考えても、である。

オリンピックはすべての日本人にとっての国民的関心事であり、まだワールドカップを知らなかった日本のサッカーファンには、アトランタ五輪代表がかけがえのない希望だった。

前園はそのチームのシンボルだった。新たな地平を切り開いた男は、自ら望んだわけではない役割を演じることを強制された。カズに続く日本サッカー界の新たなシンボル、観客動員の急激な落ち込みに直面したJリーグの救世主、スポーツの枠組を越えたアスリート……。

前園のキャリアには、いくつもの「なぜ」が付きまとう。だが、たとえば〝ドーハの悲劇〟が〝ドーハの歓喜〟になっていたら、彼のサッカー人生は変わっていたはずである。オリンピックにしても、海外クラブへの完全移籍にしても、当時はまだ日本人にとって未知の領域だった。23歳の若者でありながら、前園はどちらにおいても日本の先駆者だったのである。日本国内における大型移籍も同様だ。

2008年の日本サッカー界には、まったく異なる風景が拡がっている。ワールドカップには3回連続で、オリンピックには4大会連続で出場している現在は、五輪代表やフル代表の選手が必要以上に騒がれることはない。将来有望な若手と呼ばれる選手は相変わらず持ち上げられる傾向にあるものの、それぞれの選手の実力に見合った批評が展開されるようになってきた。

田邊の言葉が印象深い。

「前園くんの世代は、基本的にJリーグにおいての狭間の世代というかね、時代の狭間にちょうどはまってしまった世代だと思うんです。日本リーグを経験せずに、俗に言うJリーグバブルの絶頂期にいきなりプロになったこと。アトランタ五輪のアジア予選や最終予選の頃は、Jリーグに開幕直後の勢いがなくなってきていたこと……。彼らの世代は、日本のサッカーの生い立ちのなかでの犠牲者、というところはあるでしょうね」

前園のプレーに大いなる可能性を見出し、日本サッカーの未来を彼に託した関係者やファンからすると、ベオグラードでひっそりと幕を閉じたサッカー人生は、失敗ということになるのかもしれない。しかし、我々が現在進行形で目撃している日本サッカーは、前園の痛みや苦しみをきっかけに姿を変えてきたところが確かにある。

引退を発表してからしばらく、前園は「まだできるんじゃないの?」と、探るように聞かれることが多かった。

それもしかたのないことだったかもしれない。慢性的に痛みが抜けない部分があるとか、長く抱えてきた持病が悪化したというような肉体的限界は、引退の理由に含まれていなかったからだ。

「本当にすべてを出し切って、やることをやって満足したっていうのは難しいんじゃないかな。すべてが思いどおりにいって、すべてが順調だったというなら別だけど。僕自身はそうじゃなかったけど、それはもう結果論でしょう。ああすれば良かったとか、こうするべきだったとか考え出したら、もうキリがないと思うんですよ」

もちろん、と言って前園は話を続ける。20代のようなプレーはできなくても、30歳なりのプレーはできたはずだという質問に、彼は間を置かず頷いた。

「周りの選手を使いながら自分が生きていくっていうことは、もちろんできたと思う。でも、求められるものは違うわけでしょう。前園だったらドリブルでしょうっていう見方をされてきたところはあるし、そういうイメージがあるのは自分でも分かってた。何て言うのかな、経験のある選手らしく周りをうまく動かしても、あまり評価の対象にならないというかね。そういう意味では、すごくインパクトが強かったと思うんですよ、僕の場合は」

ペナルティボックスの周辺でパスを受けた前園が、自らドリブルで仕掛けずにスルーパスを狙う――ドリブラーのイメージがあまりに鮮烈なので、活字にしただけでも何となく物足りなさが滲んでくる。

「とはいえ、僕はけっこうゲームメイクとかが好きなタイプだったんだ。行くときは行くけど、中盤でボールをまわしたりするのも好きだから。スルーパスとかも、実はけっこううまいのよ」

遠慮がちに付け加えた最後のひと言は、ほとんど明かしてこなかった彼なりの矜持《きょうじ》である。

「自分がドリブルで切り裂いてゴールをするのと、自分がゲームメイクをして思いどおりの形で誰かが決めてくれるのは、同じくらい嬉しい。自分のイメージどおりに決めてくれたときのほうが、めちゃめちゃ満足感があったりもするし。あと、決定的なパスでなくても、自分が起点となって組み立てながら点を取れたときとかも」

まあでも、と言って前園は自嘲気味に笑った。ゲームメイカーとしての自分を思い描いているうちに、頭のなかで構築していた論理は別の答えへ向かっていた。

「やっぱり、ドリブルだよね、僕のイメージはね。まず自分のプレーとしてドリブルがあって、そのなかで色々と選択肢を考えてたから。最初からパスっていうよりも、ドリブルで行くことを考えて、ダメならスルーパスとかワンツーって感じだったから。そういう意味では、しょうがないんだけどね」

もう25年以上前のことなのに、色褪《いろあ》せない記憶がある。

「いつ来るのか、いつ来るのかって、すっごく楽しみにしてたんですよ。サッカー専門誌に載ってるわけですよ、今回はここに行って、次回はここです、みたいな記事が。鹿児島にも早く来ないかあと思ってたら、ついに来たんですよ」

鹿児島での開催は決まったが、会場は自宅から離れた鹿児島市内だった。定員制だったために一緒にボールを蹴ることはできず、見学しかできないのは分かっていたが、それでも少年はワクワクとした気持ちとともに会場へ向かった。

「セルジオ越後さんの、さわやかサッカー教室。日本リーグではあまり長くやってなかったんだよね、セルジオさんは？　でも、そんなのまったく関係なし。わざわざ鹿児島まで来てくれたわけだし、しかもメチャクチャうまい。どんな内容だったのかはあまり覚えてないんだけど、ものすごくワクワクして、興奮しながら見てたんですよ。『すっげえ〜』とか言いながら。僕らの世代とか、僕らより上の世代は、そういう経験をしてると思いますよ」

あの日抱いた憧憬は、胸の奥底にずっと残っていた。セルジオ越後よりうまい選手に出会い、そうした選手と実際に対戦しても、少年時代の記憶が消えることはなかった。

現役を引退してから、やりたいことが決まった。

「将来的に監督をやりたいとかいうのは、いまのところまったくないんです。自分の経験も含めて考えると、小学生ぐらいでプレースタイルのある程度の部分は確立される。一番大事な時期ですよね。そこで、何か自分でもできたらなって。いままでに僕が経験してきたことや感じたことを、子どもたちに伝えていけたらと思っていた」

2006年8月、前園は『ZONOサッカースクール』を立ち上げた。現役引退から1年以上を要したのは、ドイツワールドカップの取材などと並行しながら、設立の準備を進めていたからだった。

活動の拠点となっているのは、東京都内の3つの会場で行っているスクールだ。U−6（幼稚園児）、U−9（小学校低学年）、U−12（小学校高学年）のカテゴリーごとに、20名から最大で50名のスクール生を教えている。

小学校の夏休みや春休みを利用した合宿や海外遠征も企画し、2007年には韓国遠征を実施した。Kリーグ移籍で培った人脈が、早速生かされているわけである。東京—ソウル間の飛行時間は2時間半強で、時差はないし気候もほぼ変わらない。サッカーのレベルを考えても、韓国は子どもたちが体験するのにちょうどいい〝外国〟と言っていいだろう。

「イベントとして全国をまわるサッカースクールだと、人数の関係でひとりひとりに徹底的に教えるのは難しい。ある程度人数を制限したなかで、子どもたちに指導できる環境を作りたいと、ずっと思っていたんですよ。選手を育てるとかじゃなくて、サッカーを楽しみながらうまくなっていってもらいたいんです」

子どもたちと日常的に接するようになると、ふたつのことに気付かされた。

「僕が子どもの頃よりも、本当にうまい子どもが多い。でも、ただうまいだけじゃ成長していかないと思うんですよ。どこかで限界があるというかね」

ここから先は、子どもたちのサッカー限定でなく、Jリーグや日本代表でも感じていることだ。テレビなどのメディアを通じて、何度も投げかけているメッセージである。

「組織のなかに、個性が埋没してしまっているなと。ベースとなるスキルはみんなすごく高いし、攻撃の選手もしっかりディフェンスをする。それはとてもいいことで、それによっていい組織が作られていくわけだけど、ひとりひとりが個性を出していかないと、世界では戦えないと思うんですよ。自分しかできないこと、自分だからできることを、もっと出していくべきなんじゃないか。そうじゃないと、誰がやっても同じになってしまう気がするんです。子どもたちのサッカーを見ていても、同じようなことを感じることがある。もっともっと個性的な選手が出てきてほしい」

技術の向上に力点を置いたスクールを展開しているのも、個性を伸ばしたいからに他ならない。若い才能が画一化されてしまうことに、前園は危機感を覚えている。

「年齢が上がっていけば、勝ち負けは当然ついてまわるもの。パスをつないだサッカーをしようというのも、レベルが上がれば自然とそうなるところがある。もちろん試合では勝敗が大事だけど、根本的にはサッカーを楽しみながらやってほしい。自分というものをどんどん出していく、いい意味で尖《とん》がった個性の持ち主に出てきてほしいんですよ」

ＺＯＮＯサッカースクールを軸足としながら、活動範囲をさらに拡げていきたい希望はある。Ｊリーグや海外リーグをテレビで観ることはできても、実際にプロ選手と触れ合う機会を持ちにくい地域はまだまだ多い。かつての自分のような子どもたちがいるのであれば、ぜひ足を運んでみたいと考えている。

「将来的にＪリーグ入りを目ざす自治体はずいぶん増えているみたいだけど、いま現在、Ｊリーグの試合を生で観られないところってたくさんあるでしょう？　それも、セルジオさんみたいなことをやりたいなあと思ってる理由のひとつなんですけどね。できる限り色々なところへ行ってみたいんです」

最後にもう一度、聞いてみる。

「鹿実の松澤先生にいつも言われるんですよ。『お前は犠牲者だ』って。でも、それもタイミングですから。そんなことを言ったら、僕の前にもそういう選手はいただろうし。高校のときにＪ

リーグができて、プロになれた。それもタイミング。一番いいときも、バブルを経験したのもタイミング。それはもう、自分ではどうにもならないことだから」

キャリアに後悔はないのかという質問に、前園はこう答えた。滑らかな口ぶりは、同じ問いかけに何度も答えてきたことをうかがわせた。そのたびに彼は、自問自答を繰り返してきたのだろう。なかば強制的に、自身のキャリアを振り返ってきたに違いない。

「いまはホントに、サッカーがやりたくて。誰かの引退試合とかに呼ばれるのが、すごく楽しいんですよ。現役のときは普通のことだったんだけど、綺麗な芝生の上で、監督がいて、うまい選手が揃っていて。フットサルも草サッカーも楽しいんだけど、やっぱり違うんだ」

試合前のヒリヒリとするような緊張感はないが、日々の生活はやり甲斐に満ちている。野性味溢れる表情は見られなくなったが、リラックスした笑顔が増えた。

現役引退から3年が過ぎても、サッカーは前園のすぐそばにある。

（文中敬称略）

前園真聖 まえぞのまさきよ

1973年、鹿児島県生まれ。1992年、鹿児島実業高校から横浜フリューゲルスに入団。五輪日本代表のキャプテンとして28年ぶりのオリンピック出場に貢献。1996年、アトランタ五輪ではブラジルを破る「マイアミの奇跡」を演出し、サッカーファンのみならず広く注目された。その後、ヴェルディ川崎(現・東京ヴェルディ1969)、サントスFC、ゴイアスEC(ブラジル)、湘南ベルマーレ、東京ヴェルディ、安養LGチータース、仁川ユナイテッド(韓国)と渡り歩き、2005年5月に引退を表明。現在は、テレビ東京系「メガスポ!」、CS放送のスカパー!などでサッカーキャスターとして活躍している。『ZONOサッカースクール』などで少年サッカーの普及活動も行っている。

戸塚啓 とつかけい

1968年、神奈川県生まれ。法政大学卒業後、『サッカーダイジェスト』の編集者を経て、1998年にフリーランスとなり、スポーツライターとして活躍。著書に『2002年6月4日——勇者が聞いた凱旋行進曲』(角川書店)、『ミスターレッズ 福田正博』(ネコパブリッシング)、『青の群像—サッカー日本代表クロニクル1992-2007』(ソニーマガジンズ)、『敗因と』(光文社)などがある。

12年目の真実

マイアミの奇跡を演出した男

2008年8月23日 初版第1刷発行
2008年9月15日 初版第2刷発行

著者 前園真聖/戸塚啓
編集 元永知宏
協力 サニーサイドアップ 鹿野琢磨
発行人 唐沢徹
発行・発売 ぴあ株式会社
〒102-0075
東京都千代田区三番町5-19
編集 03(3265)1582
販売 03(3265)1424
印刷・製本 中央精版印刷株式会社

ISBN 978-4-8356-1706-0